簡明修辭學教程

曹 煒 編著

文史哲出版社印行

國家圖書館出版品預行編目資料

簡明修辭學教程 / 曹煒著.-- 初版 -- 臺北
市：文史哲,民 100.12
　　頁; 公分
ISBN 978-957-549-995-2（平裝）

1.漢語　2.修辭學　3.教材

802.7503　　　　　　　　　　100024917

簡明修辭學教程

著　　　者：曹　　　　　　　煒
出　版　者：文　史　哲　出　版　社
　　　　　　http://www.lapen.com.tw
　　　　　　e-mail：lapen@ms74.hinet.net
登記證字號：行政院新聞局版臺業字五三三七號
發　行　人：彭　　　　　正　　　　　雄
發　行　所：文　史　哲　出　版　社
印　刷　者：文　史　哲　出　版　社
　　　　　　臺北市羅斯福路一段七十二巷四號
　　　　　　郵政劃撥帳號：一六一八〇一七五
　　　　　　電話886-2-23511028・傳真886-2-23965656

定價新臺幣三〇〇元

中華民國一百年（2011）十二月初版

前　　言

　　修辭學課程在大陸許多高校的中文系並不單獨開設，相關內容是放在現代漢語課程中講授的。但是，在港臺地區，這門課程卻頗受青睞，每每單獨開設。像香港教育學院每年安排在大陸的所謂"沉浸班"，就要求中標的學校必須開設兩門主幹課程，其中一門就是修辭學。蘇州大學是香港教育學院長期投放"沉浸班"的大陸高校之一，因此，每年均會安排一位教師爲香港來蘇的"沉浸班"學生開設修辭學課程，自 2003 年至今已經開設了 9 年，而本人就是那位被安排來開設這門課程的教師。

　　爲了便於教學，我組織了我指導的幾個研究生在 2003 年一起編撰了一部修辭學教材 ——《現代漢語實用語體修辭學綱要》（試用本）。由於時間倉促，編得比較粗糙，印刷錯誤較多不說，由於是不同的人員編寫，分析闡述重複錯亂的地方著實也不少，所以一直沒有拿出去正式出版，而是採取了內部印刷的方式供香港"沉浸班"學生上課使用。

　　2011 年 9 月我應邀到臺北東吳大學講學，其中一項任務就是給東吳學生開設一門修辭學課程，前來聽講的是東吳大學中文系二、三、四年級的學生。原本是想給聽講者挑選一本臺灣地區出版的修辭學書籍作爲教材的，可出去逛了一圈，也沒找到合適的，無奈之下，只好自己親自捉刀。於是，就以我們的那部自編教材

《現代漢語實用語體修辭學綱要》（修訂本）所提供的修辭案例為素材，結合我的課堂講授，邊講課邊編寫，這便有了呈現在大家眼前的這部教材。

稱作"簡編"倒不是謙虛，而是名至實歸，因為就其篇幅而言，可能確乎是市面上所能見到的最簡略的修辭學教材了。這樣也好，教師和學生都有餘地了。我對高校教材一直有個想法，那就是越簡單越好，教材只是給學生提供關於某門課程的最基本的一個框架結構和相關知識點的最簡略的解釋的一種基礎讀物，要深入瞭解這門課程，必須去看相關的學術著作和參考資料！那些動輒上百萬言的教材不要說學生見了害怕，我這當教師的見了也暈。下面要說的就是本人說了很多次，故而被蘇州大學學生稱為曹煒語錄的話語了："一位完全依賴教材講課的大學教師肯定不是好教師，一位只抱著教材看的大學生也肯定不是有出息的學生。"這裏復述之，與東吳大學的師生及臺灣地區的高校師生共勉。

曹煒　中華民國 100 年 11 月
於臺北東吳大學外雙溪校區德舍寓所

簡明修辭學教程

目　　次

第一章　修辭的定義及其他

一、修辭的定義及範圍

不記得是哪本雜談野史中記載了這麼一個故事：古代有個人出了一道題目：踏花歸來馬蹄香，要自己的門人作畫。結果，大多數人均以馬蹄和花瓣作爲表現形式；惟有一人在馬蹄四周繪上了幾隻飛舞的蜜蜂，從而深刻地把握了畫題，贏得了主人的誇讚。

由此可見，同一個內容，可以選擇不同的表現形式，表達效果也各不相同。

繪畫如此，運言的運用也如此。所謂修辭，就是運用語言的方法、技巧和規律，也就是：針對特定的表達內容，選擇最恰當的語言形式，從而獲得最佳的表達效果的手段和規律。

同語法一樣，“修辭”一詞也有多種含義：

（1）運用語言的方法、技巧和規律，即修辭規律。

（2）人們對語言運用的方法、技巧的調整、把握，即修辭活動。

（3）專家學者對語言運用的方法、技巧的研究，即修辭學。

目前，有的教材持（1）說，有的教材持（2）說，我們這裏持（1）說。

需要說明的是，修辭不像語法，它不是舶來品，它完完全全是我們自己的祖傳之物。

　　早在西元前 11 世紀，我國周代的《易·乾·文言》就已提及 "修辭" 的原則： "修辭立其誠。" 用今天的話說就是：修辭要立足於 "誠"。何謂 "誠" 呢？宋代的大學者朱熹解釋說： "修辭見於事者，無一言之不實也。" 瞭解了這一點，也就不難解釋爲何歷代學者言及修辭，必將 "實" 作爲修辭的第一要義，如宋代王應麟《困學紀聞》、清代章學誠《文史通義》、現代張弓的《現代漢語修辭學》。

　　我們以爲， "實" 就是恰切，就是適合，與陳望道先生在《修辭學發凡》一書中提出的修辭要適應題旨情景，是一以貫之，一脈相承的。當然，望道先生將修辭的這個原則闡釋得更全面、更明確。

　　《修辭學發凡》是現代漢語修辭學的奠基之作。

　　自從陳望道先生在《修辭學發凡》中將修辭分爲積極修辭和消極修辭兩大塊之後，雖然有一些不同意見，但目前基本還是這樣分。

　　所謂消極修辭，指的是那些致力於使語言表述明白曉暢的修辭活動，主要包括詞語的錘煉、句式的調配等等內容；所謂積極修辭，指的是那些致力於使語言表述生動感人的修辭活動，一般就是指辭格。

二、修辭與語境

　　語境可以分爲兩類：

　　（1）上下文語境，即詞語句子的前言後語。

　　（2）社會語境，即語言運用的背景因素，小的如言語交際的對象、目的、時間、地點等，大的如時代、地域、民族文化、風俗習慣等。

修辭同語境的關係極其密切，主要表現在以下兩個方面：

（1）語境是人們進行修辭活動的依據。運用語言形式的恰當與否，能否取得最佳的表達效果，取決於語境。同一種修辭手段，在甲語境中可能會收到良好的效果，在乙語境中則未必。我們平時說某詞用得好，實際上是說，在這個語境中某詞最適合，而不是評說詞語本身的優劣，因為詞語本身無所謂高下優劣。

（2）語境往往會賦予詞語種種語境意義，從而使語義表達豐富多彩，富於變化。有些詞語，靜止地看，似乎沒什麼特別之處，可一旦到了語境中獲得了語境意義，便一下子變得鮮活異常、光彩照人，給人以豐富的聯想，最典型的例子莫過於王安石的名句"春風又綠江南岸"中的"綠"了，關於"綠"字的妙處，前哲時賢多有評說，這裏就不贅述了。

三、修辭學與鄰近學科的關係

（一）修辭學不同於語用學

如果我們將人類的交際活動看作是一個說寫者編碼和聽讀者解碼的過程的話，那麼，誕生於西方的語用學則要研究整個編碼、解碼的過程，既抓說寫者，也抓聽讀者。語用學既研究編碼的表達效果，也研究解碼的接收效果，表達效果是話語所潛藏著的可能的效果，接收效果則是已經實現了的表達效果，兩者可能一致，也可能不一致。而修辭學只研究說寫者編碼的過程，雖然它也要考慮聽讀者，也要聯繫解碼過程，但目的還是為了研究編碼過程，研究怎樣的編碼才能獲得最佳的效果。兩者的側重點不一樣。

例如，西方有則小幽默：有一塊墓碑上寫著："此地長眠著一個律師和一個誠實的人。"一個過路人說："這年頭真不景氣，一個墓穴裏竟然埋了兩個人。"

這裏編碼沒有失誤，解碼則有誤。所以修辭學可以不去研究，但這卻是語用學感性趣的問題。

又如，《紅樓夢》第48回，香菱爲了一句詩的韻腳茶飯不思，這時候探春對她說："你閑閑罷！"她卻回答："閑是十五刪的，錯了韻了。"眾人聽了大笑。

這裏，探春的"編碼"沒錯，而香菱的"解碼"有誤。同樣修辭學可以不去研究，而語用學則要研究。

（二）修辭學不同於美辭學

如果說，古代中國的修辭學對日本學術界產生過巨大的影響的話，那麼十九世紀末、二十世紀初的日本修辭學則同樣也對中國學術界產生了較大的影響。把修辭學等同於美辭學就是這種影響所產生的結果。

二十世紀初日本著名修辭學家島村龍太郎在他的《新美辭學》（1902年）中就指出：修辭學就是美辭學，是研究如何使辭藻美麗的學問。這個觀點影響了國內相當一部分修辭學者，如楊樹達的《中國修辭學》、陳介白的《修辭學講話》和鄭奠建的《修辭學》等均將"修辭學"定義爲"如何使文辭精美的學問"。這種影響今天依然存在，我們不時會碰到，有一些人將辭格等積極修辭部分的內容視作爲修辭的全部內容，而將詞語的選用、句式的選擇等消極修辭的內容排除在修辭的範圍之外。

美辭學，又叫語言美學、美學語言學，是研究美辭的構成要素和組合規律的一門學問。

　　美辭是修辭學的重要內容，但修辭學不等於美辭學。

　　修辭學從表達效果的角度來研究美辭，研究各種美辭的表達作用，而不孤立研究美辭本身。

　　修辭學重視美辭的表達效果，同時也關注美辭同表達效果之間的不對應關係。

　　如一位買柴的秀才對一位賣柴的山民說了這麼幾句話："菏柴者過來。""其價幾何？""哦，外實而內虛，煙多而焰少，請損之。"

　　秀才的言辭不能說不美，但在表達上幾為零效果。

（三）修辭學同語法學不能結合

　　在與語言學的三個子系統：語音學、詞彙學、語法學的關係中，修辭學與語法學的關係最為密切。

　　20 世紀 80 年代，新加坡著名學者鄭子瑜先生提出了語法修辭結合論，引起了一場全國規模的大討論，國內以郭紹虞先生為代表的一些學者積極回應。但絕大部分國內學者持相反意見，認為修辭學與語法學是截然不同的兩門學科，不能結合歸併。

　　語法研究的是語言結構本身的奧秘，屬於語言靜力學；修辭研究的是語言發揮社會功能的奧秘，屬於語言動力學。

　　但是，在承認語法與修辭有著本質的不同的前提下，關於兩者之間的關係的表述則存在著較大的分歧。

　　一種觀點認為：修辭應該而且必須依賴語法，應該而且必須建立在語法的基礎之上。任何修辭活動均不應該違背、突破語法規則。

　　一種觀點則認為：好的修辭，真正的修辭，就應該超越語法，反語法，衝破語法的束縛，而絕不能只是滿足於在語法的壁壘森嚴中深耕細作。

　　我們認為，上述兩種觀點均有合理的成分，但均不夠全面。

　　一方面，如果修辭一味追求背離語法規則，讓人無法理解，也就談不上什麼修辭效果，當然就不是好的修辭。

　　另一方面，修辭要以語法作為基礎，但這並不意味著在不影響理解的合理的前提下，絲毫不能越語法的雷池一步，不能對語法的藩籬有所突破。事實上語法也不是一成不變的，也是處於發展中的，積極的健康的創新的修辭活動還可以促進語法的健康發展。

　　這兩方面是相輔相成的，並非水火不相容。

第二章　語音修辭──聲音的調配

一、語音修辭概述

　　語音修辭是消極修辭的一個重要組成部分。

　　語音形式是修辭的一種極為重要的材料，選擇適當的語音形式，可以使語言表達流暢順口，音韻和諧，富有韻律美。

　　語音修辭的實踐早在我國古代就已經開始了。從先秦的詩經、楚辭到漢賦、樂府詩，再到後來的唐詩、宋詞、元曲以及明清戲劇，我們的祖先創造了許多語音修辭的手段和方法，今天依然值得我們學習和借鑒。

　　在現代的一些優秀文學作品中，語音修辭的實踐也處處可見，誠如老舍先生所言：“一注意到字音的安排，也就必然涉及字眼兒的選擇，字雖同義，而聲音不同，我們須選用那個音義俱美的。”（老舍《出口成章》第56頁）下面我們先來看一首民歌，體會一下語音修辭的魅力：

　　　　正月裏來是新春，家家戶戶點紅燈。人家夫妻團圓聚，孟
　　　　姜女丈夫造長城。（江蘇蘇州民歌《孟薑女》第一節）

　　這首民歌的歌詞本身是押韻的，讀起來上口悅耳，富有音樂感，而且也適當使用了疊音詞“家家戶戶”，聽上去有一種節奏勻稱的美感。如果改成“正月裏來是新春，每戶人家點紅燈。人

家夫妻話團圓，孟姜女丈夫修長城。"雖然改動後意思沒什麼大的變化，但節奏韻律上就不太和諧了，讀起來也不順口，失去了民歌原有的韻律美。我想，這首民歌之所以能流傳這麼久，除了她運用樸實的語言文字表達了底層百姓的思想感情外，成功地運用了語音修辭的手段從而達到了內容和形式的統一，不能不說也是一個重要因素。

語音修辭的手法比較常見的有摹聲、音節調配、押韻、雙聲疊韻、平仄安排等，下面我們逐一加以簡單介紹。

二、摹　聲

摹聲是運用象聲詞，如："嘩、轟、撲哧、丁冬"等，來摹擬現實生活中的各種聲響，從而讓聽讀者產生如聞其聲、如臨其境的感受的一種語音修辭手法。

我們先來看下面兩個運用摹聲手法的用例：

（1）迢迢牽牛星，皎皎河漢女。

　　　纖纖擢素手，劄劄弄機杼。

　　　終日不成章，泣涕零如雨。

　　　河漢清且淺，相去複幾許？

　　　盈盈一水間，脈脈不得語。

　　　　　　　　　　　　（古詩十九首《迢迢牽牛星》）

（2）我的心是七層塔簷上懸掛的風鈴，

　　　叮嚀叮嚀嚀，

　　　此起彼落，敲叩著一個人的名字，

　　　——你的塔上也感到微震嗎？

　　　這是寂靜的脈搏，日夜不停，

你聽見了嗎，叮嚀叮嚀嚀？

這惱人的音調禁不勝禁，

除非叫所有的風都改道，

鈴都摘掉，塔都推倒。

只因我的心是高高低低的風鈴，

叮嚀叮嚀嚀，

此起彼落，

敲叩著一個人的名字。

（餘光中《風鈴》）

例（1）中，"纖纖"是描寫素手之修美，"劄劄"則是描寫織布之繁忙，前者狀形，後者摹聲，由遠而近，先人後物，"纖纖"和"劄劄"，形、聲並茂，形象生動。例（2）中風鈴"叮嚀叮嚀嚀"的聲音清脆而動聽，作者巧妙地將"叮嚀叮嚀嚀"分別安排在了作品的前、中、後三處，既強烈渲染了風鈴聲的音樂美，同時也賦予了作品的聲音線索，猶如水泥中的鋼筋，雨傘中的骨架，使作品前後照應，渾然一體，體現了一種結構美。

上面兩例是摹聲手法在詩歌中的運用。在一些比較成功的小說和散文中運用摹聲手法，不但能增強語言的音韻美，還能形象生動地狀物寫景，甚至能逼真地刻畫人物。例如：

（3）話是說到盡頭了，上海客人只好不再嚕蘇，可是他坐在那裏不肯走。林先生急得什麼似的，心是卜蔔地跳。……天又索索地下起凍雨來了。……朔風吹著那些招牌，嚓嚓地響。……從蝴蝶門後送來的林大娘的呃呃的聲音又漸漸兒加勤。（茅盾《林家鋪子》）

其中的象聲詞"卜卜、索索、嚓嚓、呃呃"真切地描寫了各種聲音,有的突出了環境的特點,有的則描寫了人物的形象,同時也增強了語言的音律感

三、音節調配

現代漢語的音節極具特色,她沒有印歐語系語言中常見的複輔音現象及輔音位置比較靈活的狀況,輔音只處於音節的首尾,而且一個音節大多只有一個輔音,若有兩個輔音,則必定與母音相間使用。這就使得漢語音節結構相對整齊,音界分明,聽起來十分悅耳。同時,現代漢語中雙音節詞占多數,但也存在少量的單音節詞和多音節詞,其中四個音節的成語也有一定的數量,這就為我們精心調配音節提供了條件。音節的巧妙搭配可以使語言表達在聲韻上更加悅耳動聽,從而給聽讀者以美感。我們來看下面這一段文字:

> (1)青島的五月,是個希奇古怪的時節,從二月起的交換季候風忽然一息後,陽光熱力到了地面,天氣即刻暖和起來。樹林深處,有了啄木鳥的蹤跡和黃鶯的鳴聲。公園中梅花、桃花、玉蘭、郁李、棣棠、海棠和櫻花,正象約好了日子,都一齊開放了花朵。到處都聚集了些遊人,穿起初上身的稱身春服,攜帶酒食和糖果,坐在花木下邊草地上賞花取樂。
>
> (沈從文《水雲》)

例(1)中運用了大量的雙音節詞,如"五月、時節、忽然、陽光、熱力、地面、天氣、即刻、暖和、起來、樹林、深處、蹤跡、鳴聲、公園、梅花、桃花、玉蘭、郁李、棣棠、海棠、櫻花、

日子、一齊、開放、花朵、到處、聚集、遊人、稱身、春服、攜帶、酒食、糖果、花木、下邊、草地、賞花、取樂"等等,簡直成了雙音節詞大聚會,這樣的音節安排,使這段文字在音節組合上極為整齊勻稱,若將每個句子分行,就是一首很優美的新詩。

在現代漢語中,當有音節數不同的詞語形成並列結構時,我們習慣上把音節少的放在前面,而把音節多的放在後面,這樣處理會讓這些並列結構在語氣上更加舒緩。我們來看下面兩段文字:

（2）昆曲本是吳方言區域裏的產物,現今還有人在那裏傳習。蘇州地方,曲社有好幾個。退休的官僚,現任的善堂董事,從課業練習簿的堆裏溜出來的學校教員,專等冬季裏開棧收租的中年田主少年田主,還有諸如此類的一些人,都是那幾個曲社裏的社員。

（葉聖陶《昆曲》）

（3）一切都像剛睡醒的樣子,欣欣然張開了眼。山朗潤起來了,水漲起來了,太陽的臉紅起來了。小草偷偷地從土裏鑽出來,嫩嫩的,綠綠的。園子裏,田野裏,瞧去,一大片一大片滿是的。坐著,躺著,打兩個滾,踢幾腳球,賽幾趟跑,捉幾回迷藏。幾輕悄悄的,草軟綿綿的。

（朱自清的《春》）

例（2）中"退休的官僚,現任的善堂董事,從課業練習簿堆裏溜出來的學校教員,專等冬季裏開棧收租的中年田主少年田主"是一個名詞性的並列短語,按照音節數量從少到多的順序排列起來,讓語言表述在語氣上顯得更加和諧舒緩。例（3）"坐著,躺著,打兩個滾,踢幾腳球,賽幾趟跑,捉幾回迷藏。"是一個謂詞性的並列結構，前面兩個是雙音節結構，後面三個是四音節結構，最後一個是五音節結構，音節數量逐級遞增，語氣上也比較舒緩。

四、押　韻

押韻指的是韻文中某些句子的末尾用上同 "韻" 的字的現象。所謂 "同韻" 指的是韻腹相同或相近，如果有韻尾的話，韻尾也需要相同，韻頭則可同可異。押韻是語音修辭的一個重要手段，押韻可以使韻文中的句子音調和諧，流韻回環，富有音樂美，而且便於朗讀、演唱，易於記憶。

現代韻文的押韻，主要依據的是所謂 "十八韻"，即 "麻、波、歌、皆、支、兒、魚、齊、姑、開、微、豪、候、寒、痕、唐、庚、東" 等十八個韻部。每個 "韻" 統領相同韻腹和韻尾的音節。

現代韻文的押韻方式主要有以下五種：

（1）逐句韻

即韻文中，每個句子末尾的字均押韻，而且押同一個韻。如：

太陽下山明朝依舊爬上來，花兒謝了明年還是一樣開；

美麗小鳥即將離去不徘徊，我的青春小鳥一樣不回來。

（2）隔句韻

即韻文中，偶句或奇句每個句子末尾的字均押韻，而且押同一個韻。如：

輕輕的我走了，正如我輕輕的來；

我輕輕的招手，作別西天的雲彩。

（3）交　韻

即韻文中，奇句同奇句押一個韻，偶句同偶句押另一個韻。

如：

> 河道一曲十八彎，河面飄迷霧，兩邊重重山，前頭應有路，
> 都說鬼門關。

（4）抱　韻

即韻文中，首尾兩句押一個韻，中間的兩句或三句押另外一個韻。如：

> 斯人已離去，國旗低垂，天地同悲，街巷儘是黃金菊。

（5）隨　韻

即韻文中，前面幾句押一個韻，後面幾句押另外一個韻。如：

> 蘇蘇是一癡心的女子，象一朵野薔薇，她的丰姿；象一朵
> 野薔薇，她的丰姿，來一陣暴風雨，摧殘了她的身世。這
> 荒草地裏有她的墓碑，淹沒在蔓草裏，她的傷悲；淹沒在
> 草叢裏，她的傷悲 —— 啊，這荒土裏化生了血染的薔薇！
> 那薔薇是癡心女的靈魂，在清早上受清露的滋潤，到黃昏
> 有晚風來溫存，更有那長夜的慰安，看星斗縱橫。你說這
> 應分是她的平安？但運命又叫無情的手來攀，攀，攀盡了
> 青條上的燦爛， —— 可憐呵，蘇蘇她又遭一度的摧殘！

（徐志摩《蘇蘇》）

有時候，幾種押韻方式會同時使用。如：

> 那河畔的金柳，是夕陽中的新娘；波光裏的豔影，在我的
> 心頭蕩漾。軟泥上的青荇，油油的在水底招搖；在康河的
> 柔波裏，我甘心做一條水草！

（徐志摩《再別康橋》）

押韻固然能使作品產生良好的修辭效果，但具體到每一部作品選用什麼樣的韻部，還得注意以下幾點：

1.押韻時所選的韻部應儘量同所要表達的感情相協調。

一般來說，"麻、寒、唐、東、庚"等聲音比較洪亮的韻部比較適合抒發慷慨激昂的感情。例如：

> （1）大雨落幽燕，白浪滔天，秦皇島外打魚船。一片汪洋都不見，知向誰邊？往事越千年，魏武揮鞭，東臨碣石有遺篇。蕭瑟秋風今又是，換了人間。

> （毛澤東《浪淘沙·北戴河》）

這首詞押的是"寒"韻，在語音形式上凸顯了雄偉壯闊的氣勢，也恰到好處地抒發了作者洶湧澎湃的豪情，達到了內容形式的完美統一。

而如果要抒發憂傷、纏綿的感情時，我們可以選用"皆、齊、姑、微、候"等聲音相對纖細的韻部，這樣可以起到較好的效果。例如：

> （2）最是那一低頭的溫柔，
> 　　象一朵水蓮花不勝涼風的嬌羞，
> 　　道一聲珍重，道一聲珍重，
> 　　那一聲珍重裏有蜜甜的憂愁 ——
> 　　沙揚娜拉！

> （徐志摩《沙揚娜拉》）

該詩抒發了作者的一種溫柔愛戀的感情，所押的"候"韻較好地烘托了這種感情，讀來低回優柔，纏綿悱惻，令人回味良久。

2.押韻要注意自然貼切，不能爲了追求押韻的和諧而置表達內容於不顧，這種情形自古就存在，叫作湊韻或掛腳韻。例如：

> （3）原稿：周總理帶病日夜堅持工作，強忍著病痛奮力把嘴唇緊咬；身受鬼蜮陷害，鬥爭不屈不撓。眼 —— 熬

紅了！臉 —— 消瘦了！直到生命的最後一息呵，還在
燈下默誦毛主席的光輝詩稿。

改稿：周總理帶病日夜堅持工作，強忍著病痛奮力把
嘴唇緊咬；身受鬼蜮陷害，鬥爭不屈不撓。眼 —— 熬
紅了！臉 —— 消瘦了！直到生命的最後一息呵，還在
燈下默誦毛主席的光輝詩篇，胸中湧起"重上井岡
山"的波濤。

（石祥《周總理辦公室的燈光》）

例（3）在原稿中，作者為了追求詩句的押韻，而將最後一句
寫成"毛主席的詩稿"，這樣"咬"、"撓"、"了"、"稿"
顯然就韻腳和諧了。但"詩稿"的意思是未曾發表的詩歌作品，
這顯然和事實不符。所以後來作者又改成了"詩篇"，這樣表義
上是確切了，但韻腳則不和諧了，於是作者最後又添上了一句，
這最後一句的"濤"字就同前面的韻腳和諧統一了。

五、雙聲疊韻

漢語的音節結構是由聲母和韻母兩大部分構成的。在漢語的
雙音節詞中，如果兩個音節的聲母相同，就叫雙聲，如：琵琶、
伶俐、仿佛、刻苦等等；如果兩個音節的韻腹和韻尾相同的，就
叫疊韻，如：爛漫、彷徨、窈窕、認真等等。兩個韻腹和韻尾相
同的音節放在一起，聲音就特別響亮，鏗鏘悅耳；而兩個聲母相
同的音節放在一起，讀來就自然順口，流暢動聽。雙聲疊韻的運
用不僅可以增強語言的表現力，還能增強語言的音樂美，從而收
到良好的表達效果，因此也是語音修辭的傳統方式之一。

在現代的一些新詩中常常運用雙聲疊韻來增強作品的節奏性

和音樂感。例如：

（1）請在我髮上留下吻，我就不用戴虛榮的桂冠。請在我
手上留下吻，我就不用戴燦爛的指環。請在我眼上輕
輕地一吻，吻幹我眼中寂寞的清淚；請在我胸上輕輕
地一吻，吻消我胸中不平的塊壘。在這寒星顫抖的深
夜，我多麼苦盼你的暖嘴；能蓋在我這冰涼的唇上，
使它不再唱人世的傷悲！

（餘光中《祈禱》）

在例（1）中雙聲音節“桂冠”、“手上”，疊韻音節“燦
爛”、“胸上”等均增添了詩句的聲律美。

詩歌外，漢人的對聯中也常常會運用到雙聲疊韻。例如：

（2）海納百川，有容乃大；壁立千仞，無欲則剛。

（〔清林則徐題書室對聯）

（3）但得夕陽無限好，何須惆悵近黃昏。

（朱自清題對聯）

（4）古木一樓寒，煙雨人間，笙歌天上；扁舟雙岸遠，駕
鴛何處，雲水當年。

（袁克文爲煙雨樓題對聯）

這幾副對聯中運用了雙聲音節“但得”、“惆悵”、“黃
昏”、“煙雨”、“駕鴛”及疊韻音節“壁立”、“古木”，朗
讀起來就格外順口悅耳，富有音樂性。

漢語中，還有一種特殊的雙聲疊韻現象 —— 疊音音節，即由
一個音節重複使用而形成，有人稱爲疊音詞，其實不全是，其中
有疊音詞，也有詞的重疊。例如：

（5）風風雨雨，暖暖寒寒，處處尋尋覓覓；鶯鶯燕燕，花

花葉葉，卿卿暮暮朝朝。

（蘇州網獅園對聯）

例（5）這副對聯全部由疊音音節構成，均非疊音詞，讀起來琅琅上口，增加了語言的音樂美。

散文中也常常運用疊音音節來增強表達效果。如：

> （6）曲曲折折的荷塘上面，彌望的是田田的葉子。葉子出水很高，像亭亭的舞女的裙。層層的葉子中間，零星地點綴著些白花，有嫋娜地開著的，有羞澀地打著朵兒的；正如一粒粒的明珠，又如碧天裏的星星，又如剛出浴的美人。微風過處，送來縷縷清香，仿佛遠處高樓上渺茫的歌聲似的。這時候葉子與花也有一絲的顫動，像閃電般，霎時傳過荷塘的那邊去了。葉子本是肩並肩密密地挨著，這便宛然有了一道凝碧的波痕。葉子底下是脈脈的流水，遮住了，不能見一些顏色；而葉子卻更見風致了。月光如流水一般，靜靜地瀉在這一片葉子和花上。薄薄的青霧浮起在荷塘裏。葉子和花仿佛在牛乳中洗過一樣；又像籠著輕紗的夢。雖然是滿月，天上卻有一層淡淡的雲，所以不能朗照；但我以為這恰是到了好處 —— 酣眠固不可少，小睡也別有風味的。月光是隔了樹照過來的，高處叢生的灌木，落下參差的斑駁的黑影，峭楞楞如鬼一般；彎彎的楊柳的稀疏的倩影，卻又像是畫在荷葉上。塘中的月色並不均勻；但光與影有著和諧的旋律，如梵婀玲上奏著的名曲。

（朱自清《荷塘月色》）

例(6)這段文字中運用了無數的疊音音節,其中有疊音詞"田田、亭亭、星星、脈脈"等,也有詞的重疊"曲曲折折、層層、粒粒、縷縷、密密、靜靜、薄薄、淡淡、彎彎"等,這些疊音音節不僅增添了語言文字的音韻美,而且分別描摹了荷塘、荷葉、舞女等的情狀樣態,極具形象感。

六、平仄安排

平仄也是漢語有別于印歐系語言的語音現象,因爲平仄與聲調掛鈎。漢語是有聲調語言,古代漢語的聲調爲"平、上、去、入"四聲,其中平聲的音高變化爲零,爲一類,"上、去、入"均呈現音高變化,爲另一類,稱爲仄聲。現代漢語普通話的聲調爲"陰平、陽平、上聲、去聲"四種,這樣,在現代漢語中平聲包括陰平和陽平,仄聲包括上聲和去聲。

一般我們認爲平聲讀起來比較舒緩、平穩,而仄聲聽起來曲折多變。如果能恰當地把平聲和仄聲交錯間隔地使用,可以使語言抑揚頓挫,富有變化美。相反,如果一味地只使用平聲或仄聲,聽起來就會單調乏味。而如果平聲仄聲運用不協調,讀起來也會拗口、彆扭、缺乏音律美。

平仄安排在格律詩中被用到了極致,成爲格律詩的標記性成分和要素。格律詩中的平仄規律一直延續到了後來的詞曲中。下面我們就來看一首古代的律詩:

(1)國破山河在,城春草木深。感時花濺淚,恨別鳥驚心。

峰火連三月,家書抵萬金。白頭搔更短,渾欲不勝簪。

(杜甫《春望》)

這是一首五言律詩。律詩的平仄講究對黏:首聯、頷聯、頸聯、尾聯，一聯之內的上下兩句（即出句和對句），平仄安排講究相異，這就叫“對”，否則就叫“失對”；下聯出句第二個字要與上聯對句第二字平仄一致，這就叫“黏”，否則就叫“失黏”。平仄安排並非鐵板一塊，一句內凡逢奇數位置的字的平仄可以允許“出軌”，這就叫作“一三五不論，二四六分明”。上面所舉的這首律詩，是嚴格遵循了律詩的規矩來創作的，個別地方的“出軌”也是在允許範圍內的。其實際的平仄安排如下：

仄仄平平仄，平平仄仄平。（仄）平平仄仄，仄仄仄平平。

（平）仄平平仄，平平仄仄平。（仄）平平仄仄，（平）

仄仄平平。（字外加括弧的是“出軌”的字。）

由於平仄安排得當，詩歌讀起來就和諧、悅耳，抑揚頓挫，易於記誦。

我們再來看一首今人寫的七律：

(2)鐘山風雨起蒼黃，百萬雄師過大江。虎踞龍盤今勝昔，天翻地覆慨而慷。宜將剩勇追窮寇，不可沽名學霸王。天若有情天亦老，人間正道是滄桑。

　　　　　　　　　　　　（毛澤東《人民解放軍佔領南京》）

這首七律詩的實際平仄安排如下：

平平（平）仄仄平平，仄仄平平仄仄平。

仄仄平平平仄仄，平平仄仄仄平平。

平平仄仄平平仄，仄仄平平仄仄平。

（平）仄（仄）平平仄仄，平平仄仄仄平平。

這首七律的首聯、頷聯、頸聯和尾聯，每聯的出句和對句的平仄都基本相對，下聯出句和上聯對句也相黏。這樣就使整首詩在音節上此起彼伏，前後連貫，抑揚有致，聲韻和諧，富有音樂美。

不僅格律詩講究平仄安排，我們平時過年過節或弔喪賀喜所寫的對聯也頗講究平仄安排。例如：

（3）鵲報援朝勝利，花貽抗美英雄。

（周恩來題）

該對聯的上聯是"仄仄平平仄仄"，下聯是"平平仄仄平平"，對得十分工整。尤其是下聯中的第二個字選用"貽"最為恰當，如果選用意思差不多的"給、送、贈"等仄聲字，就破壞了整個對聯的平仄和諧了。

有時候為了使得平仄和諧，除了注意選用合適的詞語外，調整詞序也是一種方法。我們來看下面一首七絕：

（4）千錘萬鑿出深山，烈火焚燒若等閒。

粉骨碎身全不怕，要留清白在人間。

（于謙《石灰吟》）

該詩第三句作"粉骨碎身"就是為了迎合平仄規律而故意調換了詞序，若作"粉身碎骨"就"失黏"了，也就出格了。

現代的一些文章一般不太講究平仄，但如果能適當地注意一下平仄的搭配，很能增強語言的感染力，也使作品更具有聲韻之美。例如：

（5）或作演講，則甲乙丙丁、一二三四的一大串，或作文章，則誇誇其談的一大篇。無實事求是之意，有嘩眾取寵之心。華而不實，脆而不堅。自以為是，老子天下第一，"欽差大臣"滿天飛。這就是我們隊伍中若干同志的作風。

（毛澤東《改造我們的學習》）

　　例（5）中平仄的運用是比較講究的。如"或作演講，則甲乙丙丁、一二三四的一大串，或作文章，則誇誇其談的一大篇。"這一複句，前一分句中的仄聲字"演講"、"串"和後一分句中的平聲字"文章"、"篇"相對；而且前一分句中的"甲乙丙丁"和後一分句中的"誇誇其談"也基本上是平仄相對的。下面一句中的"無"、"意"和"有"、"心"也是平仄相對的。這樣文章讀起來就抑揚頓挫，鏗鏘有致。這段文章中除了注意上下句的平仄相對以外，還把平仄聲字間隔使用，一抑一揚，對比強烈，像"實事求是"、"嘩眾取寵"、"脆而不堅"等詞語。

第三章　詞語修辭─詞語的錘煉

　　詞語修辭是消極修辭中最為重要的部分。

　　曾有學者對作家的修辭活動──改稿進行過統計，結果發現，在作家的改筆中消極修辭要占到其修辭活動的 70%，而積極修辭只占 30%。而在消極修辭中，詞語修辭占到絕大部分，是消極修辭的主體部分。由此可見，詞語修辭在修辭中的地位。

一、詞語錘煉的理論和實踐

　　詞是最小的能夠獨立運用的語言單位，是人們用來交流信息、表情達意的句子的最基本的構成元素。所謂的積詞成句，積句成段，積段成篇，就道出了詞語在人類表達中的重要作用：沒有詞語，就沒有句子，也就沒有段落，更成不了篇章。如果把一篇文章比作一棟房屋，那麼詞語就是建造這棟房屋的一磚一瓦，沒有這些磚瓦，即使再完美的設計謀劃，也只能是一種美麗的烏托邦。

　　其實，關於詞語在篇章組織中的所處地位和重要作用，我國古代每每有人論及。劉勰的《文心雕龍·章句》裏就說：“夫人之立言，因字而生句，積句而成章，積章而成篇。篇之彪炳，章無疵也；章之明靡，句無玷也；句之清英，字不妄也。”費經虞的《雅論·詩法指南》也指出：“章之明潔，句無疵也；句之精透，字無失也。發揮意旨在句，而點綴精神在字，至於用字造句，使之燦然成章，則又在乎意匠之經營耳。"劉淇在《助字辨略》中更是強調："且夫一字之失，一句爲之蹉跎；一句之誤，通篇爲之梗塞。"在這裏，無論是劉勰、劉淇從寫文章的角度傳經，還是費經虞從做詩的角度佈道，都強調了用"字"的重要意義。他們所說的"字"，就是我們現在所說的"詞"，而所謂"字不妄"、"字無失"、"一字之失"就是指"詞不能亂用"、"詞沒有使用不當"、"一詞的使用不當"。

　　不惟我國的先哲們早就認識到用"字"的重要性，國外的一些著名作家也每每論及選詞的重要意義。法國 19 世紀著名作家福樓拜就曾指出："不論人們要說的是什麼東西，要把它表現出來，只有唯一的名詞；要賦予它運動，只有唯一的動詞；要賦予它性質，只有唯一的形容詞。我們應該苦心搜索，非找出這個唯一的名詞、動詞、形容詞不可。僅僅找到和這些名詞、動詞、形容詞相似的詞，千萬不要以爲滿足。更不可因爲這種搜索困難，隨便用個詞語來搪塞了事。"俄國 19 世紀的偉大作家托爾斯泰也曾指出："語言藝術家的技巧就在於尋找唯一需要的詞在唯一需要的位置。"兩位文學巨匠用不同的話語闡述了相同的道理：在人麼語言表述的每一個位置上都存在著唯一的一個詞，只有不斷地錘煉詞語，找到那個詞，才能真正將所要表達的內容準確無誤、生動傳神地展現在讀者面前。正所謂"下語如鑄"，詞的運用就如天然鑄就的一般，用得準確妥貼時，是一個字也動不得的。

　　前人不僅留下了許多關於準確用詞的論述，同時也留下了不少關於準確用詞的佳話。傳得最具神話意味的，就是所謂賈島"'推'　'敲'煉字"的故事：

　　賈島初次赴京城參加科舉考試，一日在驢背上想到了兩句詩：「鳥宿池邊樹，僧[動]月下門。」詩中標爲[動]的地方尙未確定是用「推」字還是用「敲」字，反復思考沒有定論，便在驢背上不斷吟誦，同時不停地做著推和敲的動作，引來了圍觀的人群，大家對此感到很驚訝。當時身爲京城地方長官的韓愈正駕車馬出巡，賈島不知不覺，竟直走進韓愈儀仗隊裏去了，還在不停地做推敲的手勢。韓愈的左右侍從以爲是搗亂分子就推搡著把他帶到韓愈跟前。賈島便如實申訴，表明他是在考慮詩句中用「推」字還是用「敲」字，以致於走神而發生了誤會。韓愈停下車馬思考了好一會，對賈島說：「用『敲』字好。」兩人於是一邊騎著驢馬回家，一邊討論做詩的技巧。此後一連好幾天兩人都在一起交流，彼此難分難舍。自此後兩人便結下了深厚的友誼。

　　這也便是漢語中「推敲」一詞的來歷或叫理據。

　　與賈島煉字神話幾乎齊名的是王安石選字的佳話。

　　王安石第一次被迫辭去宰相職務後去江寧，夜泊瓜洲，月下隔江眺望江南，懷念家鄉，於是便寫下了「京口瓜洲一水間，鐘山只隔數重山。春風又[動]江南岸，明月何時照我還。」的詩句。較之賈島「推敲」更讓人糾結的是，詩中標爲[動]的地方，在王安石的心目中竟然可以有「到、過、入、滿、綠」等十幾個詞選。經過反復斟酌，最後選定了「綠」字。這個「綠」遂成爲不刊之詞、不二之選，一下子成爲千古美談。論者均謂這個「綠」字用得準確、傳神，不僅寫出了江南春天的標誌性顏色，而且也寫出了春風吹拂之下萬物漸次復蘇的動態過程，意蘊豐富，給人以充分的聯想空間，讓人大有身臨其境之感。一個「綠」字著實極盡錘煉之工。

　　以上是前賢自覺的煉詞實踐。古代也有爲別人作品選詞的佳話。傳誦最廣的是以下兩則。

　　一則說的是唐朝著名詩人高適在擔任兩浙觀察使時，一日去錢塘江邊遊覽，在江邊山嶺上的寺廟牆上題詩一首："絕嶺秋風已自涼，鶴翻松露濕衣裳。前村月落一江水，僧在翠微開竹房。"回到衙門，忽然想到月落之時錢塘江水隨潮退去，只剩半江了，而不是詩中所雲"一江水"，心中不安。他準備在去赴台州公幹之後，再去寺廟修改題詩。然而等他辦完公差來到題詩處，發現原詩中的"一江水"已被人改成"半江水"。高適忙問改詩的人是誰，廟裏的方丈告訴他，那人自稱是義烏駱賓王，已飄然不知去了何處。

　　一則說的是唐代僧人齊已，對詩文頗感興趣。一天，他帶著自己寫的詩稿，前來拜會當時的詩人鄭谷。當鄭谷看到《早梅》這首詩時，不由得停下來反復吟誦："萬木凍欲折，孤根獨暖回。前村深雪裏，昨夜數枝開，風遞幽香出，禽窺素色來。明年如應律，先發望春台。"思考了一會兒鄭谷對齊已說："梅開數枝，就不算早了。不如把'數'字改爲'一'字貼切。"齊已聽了之後驚呼："改得太好了！"對鄭穀非常欽佩。後來此事讓人們知道了，就把鄭谷稱爲齊已的"一字師"。這就是"一字師"這個詞的出處或叫理據。

　　古往今來，大凡優秀的作家，都是詞語錘煉的高手，他們不懈地對作品中所選用的詞語仔細斟酌，甚至到了"咬文嚼字"的地步。他們對於煉詞的癡迷使得他們寫就的文字，是那樣的獨特而雋永，抓人眼球，扣人心弦，耐人咀嚼，發人深省，讓人讀了愛不釋手，常讀常新。

二、詞語選擇的原則

　　孤立的一個詞是無所謂優劣好壞的，但為什麼在具體的語言表達中會存在那個"唯一的一個詞"呢？這其中的情形是頗為複雜的，涉及到詞語選擇的一些基本原則問題，這些原則，歸納起來，大體上有以下幾個。

（一）適應語境

　　單獨一個詞擺在面前，我們是沒法確認其得失的，但當它進入到一定的語境中去的時候，這個詞的妥帖與否就會顯現出來。因此，為了把一個詞用"對"，再進而用"好"，一定要特別注意上下文的協調一致，配合得當。具體說來，有以下幾個方面的問題。

1.詞義和語境

　　有個學生給家裏寫信，抬頭寫道："爸媽們"，這種表達無疑是欠妥的，會惹笑話的。但在邵華的《歌》中就寫道"在爸爸和叔叔們被抓住後不久，我們二十幾個孩子和自己的媽媽們，也被關進了監獄。……過了一會，爸爸們站成一行，讓孩子們去認自己的父親。"這裏的表達又是準確無誤的，同樣都是"爸爸們"、"媽媽們"，為什麼在表達效果上會有這麼大的不同呢？關鍵就在於兩者的上下文語境所限定的語義是不同的：前者的上下文語境在語義上限定"爸爸"和"媽媽"只會有一個，如稱為"爸媽們"會讓人理解為爸爸和媽媽不止一個，有乖常情；而後者的上下文語境在語義上所限定的"爸爸"和"媽媽"就不止一個，所以用"爸爸們"和"媽媽們"十分貼切，這種有乖常情的組合更加真實地反映出了那段歲月中鬥爭的嚴酷和慘烈。

　　當然，更多的情況不是詞用的不對或不通，而只是用的不好或不恰當。如：

　　（1）自從楊大媽在柳葉黃落的村頭，送走了女兒，送走了郭祥，心裏空蕩蕩的不好受。是擔心兒女們的遠行麼？不是。是想把孩子拴在自己的身邊麼？大媽不是這樣的人。

　　　　　　　　　　　　　　　　　　　（魏巍《東方》）

　　例（1）中的"人"字後來在定稿時被改成了"母親"。事實上，在這個語言環境中，用"人"字也沒有問題，可是當我們聯繫上下文的時候，前文用了"女兒"、"兒女們"、"孩子"等詞，這都是從一個母親的角度來寫的，所以後面把"人"字改爲"母親"，就與上下文語境更切合了。

2.詞的結構組合和語境

　　詞本身的結構以及詞與詞之間的組合，也會受語境的制約。篇章結構的需要，前後照應的需要，乃至於文章格調的形成，均要求詞本身的結構以及詞與詞的組合能擔當重要角色。我們來看下面的例子：

　　（2）這裏是一個村莊。這地方，是太遙遠了，也太寂靜了。一片窄窄的壩子，四面都有青山屏障。就連那打從小小的鄉場上穿過、並且整日裏都空蕩蕩的碎石車路，也遠遠地落在重重青山的那一邊、那一邊。至於城市呢，更不知遠在何方，在哪一片望不見的天空下面。

　　　　　　　　　　　　　　　　（何士光《種包穀的老人》）

　　爲了凸顯"這地方"的遙遠、寧靜，作者在這裏運用了許多重疊形式，如“窄窄”、“小小”、“遠遠”、“重重”等一系列形容詞、量詞的重疊形式及“空蕩蕩”這樣的疊音後綴，甚至還讓“那一邊”這個表示遠指的處所詞語重複了一遍，從而成功地營造了一種悠長、浩遠、邊緣、洪荒的氛圍和格調。猶如在聽一支斑駁的長嘯在獨奏著古老的民謠，幽靜而纏綿。如果不使用這些重疊形式，就不會傳達出篇章結構所要求的這種意境，也不會呈現出前後連貫照應，一氣呵成，渾然一體的佈局美、形式美和節奏感。

（二）適應對象

　　一個詞使用得是否合適妥帖，有時候也是由文章所針對的對象決定的。這裏所說的對象是一個廣義的概念，不光是指“人”，還包括“地”、“時”等。也就是說，我們在選擇詞語的時候，應該儘量做到“一切從實際出發”，因人而異，因地而異，因時而異。

1.因人而異

　　坊間有這麼一個笑話：某個單位請人做報告，年輕的經辦人給被邀請人去信說：“請您來我單位作一次報告，想來您也會覺得榮幸的。”這位經辦人又在一位領導的辦公桌上留條說：“我單位將請某同志來作報告，時間定在某月某日上午九時，限你九點前到會場。”事後這位經辦人又專門寫信向報告人致謝：“您的報告對我們的工作有一定的幫助，特此致謝。”

　　這個笑話中凡加點的詞均屬於使用不恰當的詞，不恰當的根源就在於沒有考慮說話的對象。“榮幸”是個謙詞，用於說話人自身是一種修養，若用於聽話人，尤其是被邀請的貴賓，則是一種失禮；“限”這個詞用於被管制者或戰敗者很給力，而此處用於告知上級領導，則顯得粗野而沒有禮貌；“一定的幫助”也是一種自謙的表達形式，用於說話人自身，是一種謙虛，而用於評述聽話人的行為，則頗為失禮，缺乏對他人的尊重。這個笑話的編撰可能是要警示一些剛就業的年輕人說話做事要注意禮儀修養，而這個笑話之所以成為笑話，就是因為當事者沒有很好地琢磨用詞與說話對象的關係，沒能根據說話對象的地位、身分恰當地選擇詞語。

老舍曾經講過：“我寫一句話要想半天。比方寫一個長輩看到自己的一個晚輩有出息，當了幹部回家來了，他拍著晚輩的肩說：小夥子，‘搞’的不錯呀！這個地方我就用‘搞’，若不相信，你試用‘做’，准保沒有用‘搞’字恰當，親切。假如是一個長輩誇獎他的子侄說：‘這小夥子，做事認真。’要是看見一個小夥子在那裏勞動的非常賣力，我就寫：‘這小夥子，真認真幹。’這就用上了‘幹’字。象這三個字：‘搞’、‘幹’、‘做’都是現成的，並不誰比誰更通俗，只看你把它擱在哪里最恰當，最合適就是了。”老舍先生的這段話，是對選擇詞語時“因人而異”原則的最好詮釋。“搞”、“幹”、“做”三個詞用在不同身份的三個人身上，各得其所。

2.因地而異

用詞不僅要注意對象，還應該注意地點、場合，也就是“因地而異”。這裏的“地”，內容很廣泛，可以指自然環境、社會環境和不同的說話場合等。

比如，當朝鮮人民代表團訪問中國時，《人民日報》出現了這樣的字句：“中朝兩國人民的友誼象長白山一樣永存，象鴨綠江一樣長流。"而當尼泊爾總理來華訪問時,《人民日報》又寫道:"中尼兩國人民的友誼象喜馬拉雅山一樣萬古長青。"在這裏,同樣是用山川來比喻兩國間的友誼長存,由於兩國接壤地域的差異,選用的山川詞語也就不一樣:長白山和鴨綠江處於中朝兩國接壤處,兩國人民都很熟悉,用它們設喻來表達兩國人民的深厚友誼顯得比較自然、明瞭;而喜馬拉雅山則位於中尼邊境,用它來設喻,雙方的讀者都會覺得很親切、具體。如果把這兩組詞相互調換,這種自然、明瞭、親切、具體的感覺就會消失,我方的友好表示也就無法取得原有的效果。

用詞的因地而異還指選擇詞語時應注意不同的場合。比如"拍巴掌"和"鼓掌"是意義相同的兩個詞語,但各有各的適用場合。老舍《龍鬚溝》裏描寫四嫂在他們的"小雜院"裏說:"修溝反正是好事,好事反正就得拍巴掌,拍巴掌反正不會有錯兒。"因為是在"小雜院"說的家常話,用"拍巴掌"就顯得通俗化、口語化,比較真實。而如果換一個場景:此刻,全國人民代表大會常務委員會正在人民大會堂開會,審議有關提案,委員長宣佈:"各位委員如果對上述議案沒有反對意見,那就鼓掌通過。"這個地方就應該用"鼓掌",而不能用"拍巴掌"這個詞語了,因為這是個莊嚴肅穆的場合,用帶有書面語色彩的"鼓掌"同此刻的氛圍最為貼切,若用"拍巴掌"這個詞語就顯得不倫不類,滑稽可笑了。

3.因時而異

所謂"因時",指的是詞語運用也要注意事件所處的時間和背景,在不同的時間和背景下,表達同一意思所選擇的詞語也應該有所不同,這樣才能做到"適時"。我們來看下面這個例子:

（3）舊氈帽朋友今天上鎮來，原來有很多的計畫的。肥皂用完了，須得買十塊八塊回去。洋火也要帶幾匣。洋油向挑著擔子到村子裏去的小販買，十個銅板只有這麼一小瓢，太吃虧了。

（葉聖陶《多收了三五斗》）

　　由於作品《多收了三五斗》反映的是中國三四十年代的農村生活，當時的火柴和煤油都是從國外進口的，所以當時的“火柴”就叫“洋火”，“煤油”就叫“洋油”。如果選擇了“火柴”、“煤油”這些詞語反而顯得不夠真實，與當時的社會生活相脫節；而用“洋火”、“洋油”這些詞語，卻與當時的社會背景、生活狀況相吻合，從而使作品充滿現實感和時代感。

　　關於詞語選擇的“因時而異”，郭沫若曾經深有感觸地說：“大概歷史劇的用語，特別是其中的詞彙，以古今能夠共用的最為理想。古語不通於今的非萬不得已不能用，用時還須在口頭或形象上加以解釋。今語為古所無的則斷斷乎不能用。用了只是成了文明戲或滑稽戲而已。例如在戰國時打仗，你說他們使用飛機、坦克、毒瓦斯，古代中國人說出‘古得貌寧’、‘好都由都’，那實在是滑稽透頂的事。”這是作者幾十年的寫作心得，在今天依然具有指導意義。如今國內的一些反映古代歷史故事的影視劇，原本是正劇、悲劇，可劇中人物一開口就發生笑場，令編劇者意想不到，主要原因之一，就是像郭沫若所列舉的那個“斷乎不能用的”、“為古所無”的“今語”竟然從古代人物嘴中蹦出來了，豈不滑稽可笑。

三、詞語選擇的內容

在討論了詞語選擇的原則之後，接下來的問題就是究竟如何著手詞語的選擇了。下面，我們介紹兩種最常見的詞語選擇現象。

（一）理性義相同或相近詞語的選擇

任何語言中都存在著大量的同義或近義詞語，漢語中也不例外。在語言中實際上是不存在兩個完全相同的詞的，即使是數量並不多的等義詞也存在著語音形式的差異，更何況大量的近義詞。所以，如何在理性義存在著細微差異的詞語中選擇一個最適宜的詞語，就成為詞語選擇中經常碰到的問題。而要做到不二選擇，就得知道這些近義詞語"同"在何處、"異"在何處。比如，表示"拉"這個意義的動詞就有："拉"、"拖"、"拽"、"扯"等。它們的理性義中有相同的地方，都是表示"用力使向前"的意義。但它們的不同之處也是明顯的："拉"僅表"用力使向前"；"拖"除表"用力使向前"外，還含有"使向前之物有較大面積附著在別的物體上，如地上、地板上等"的意思。"扯"除了表"用力使向前"外，還含有"用力使向兩邊"、"用力方向不一"、"用力方式不規則"等意思。"拽"除了表"用力使向前"外，還含有"動作生硬"的意思。當然，這些細微差異在詞典的釋義中往往並不顯示，如在北京商務印書館出版的《新華字典》中，這四個詞的釋義是一樣的。但是，作為使用者，就要琢磨詞義的差異性，使詞語真正做到詞盡其用，用得其所。只有這樣，才能使我們所選擇的詞語是唯一適用的詞語。

我們來看下面的例子：

（4）小海霞身高兩米，體重一百公斤，鞋子要穿五十三碼。據有關專家預測：去年不到一年，她又長高兩釐米。

（上海《青年報》1983 年 5 月 20 日第八版）

（5）克裏米亞半島是全蘇聯最美麗的地域……從花園到這三層的宏麗的皇宮，有一個門在從前是專門備俄皇一個人用的……這皇宮內裝飾得富麗，那是不消說的。

（鄒韜奮《在雅爾達》）

例（4）中的"預測"顯然用詞不妥：因爲"預測"指的是預先推測或測定，是根據已然的狀況對未然的狀況作出推定時所用的詞，而這裏小海霞已經長高了兩釐米，是屬於已然的狀況了，用"預測"顯然是不合適的，宜換作與"預測"近義的的"測算"、"測定"等才恰當。例（5）中的"美麗"、"宏麗"、"富麗"這三個詞都含有"漂亮"的意義，但有一些細微的差異，作者在這裏顯然注意到了這一點，並且做了很好的選擇："宏麗"在表達"漂亮"的意義的同時，還含有"宏偉"的意思，用來描寫皇宮顯然是再恰當不過的；"富麗"在表達"漂亮"的意義的同時，還含有"豪華"、"奢侈"的意思，用來描寫俄皇皇宮內的裝飾也是再合適不過了;而描寫"地域"的漂亮，也只能用"美麗"這個詞，因爲地域除所處位置外，還含風物景致，所以不能用表漂亮的其他近義詞如"華麗"、"綺麗"等。例（5）中的這三個近義詞可謂用得恰到好處，各得其所。

（二）具有附加色彩的詞語的選擇

詞語絕大部分都有附加色彩，除理性義相同外，有的存在感情色彩差異 —— 或褒義或貶義或兩者均不明顯，有的存在語體色

彩差異 —— 或具有書面語色彩或具有口語色彩或兩者均不明顯，有的存在形象色彩差異 —— 或能給人以豐富的聯想或不能給人以豐富的聯想。

1.褒貶詞語的選擇

漢語中有些詞語除了表理性義之外，還可以表示使用者的喜好和憎惡的感情，這就是所謂的褒義詞和貶義詞。如"團結"是褒義詞，"勾結"是貶義詞；"成果"是褒義詞，"後果"是貶義詞；"撤退"是褒義詞，"逃跑"是貶義詞等等。對於這類帶有感情色彩的詞語，在選擇的時候應慎重對待，如果選擇得當，可以將說話人的立場、感情和態度鮮明的表達出來。如：

（6）"老虎團"軍官們發了急……他們決心要把這剛剛露出的缺口堵塞住！

　　　　　　　　　（謝雪疇《"老虎團"的結局》，下同）

（7）"老虎團"長仗著他人多、工事堅固，一步不退，拼命抵抗。

例(6)中的"決心"後來在定稿時被作者改為"妄圖"。"決心"和"妄圖"兩詞意義相當，可前者為褒義詞，後者則是貶義詞。作者在這裏所描寫的"白虎團"是當年中國人民志願軍的敵人，從作者的感情態度而言，用"妄圖"顯然比用"決心"要恰當得多。同樣，例（7）中的"抵抗"後來在定稿時也被作者改為"頑抗"。雖然"抵抗"褒貶色彩不濃，是個中性詞，但"頑抗"卻是一個貶義詞，用後者更符合作者在文中的情感表達需要。

毛澤東在《愚公移山》一文中，提及"愚公"時用的是"一位老人"，而講到"智叟"時則用了"有個老頭子"，"老人"和"老頭子"都是指年紀大的人，可"老人"是個褒義詞，而"老頭子"則是個貶義詞,不僅如此,同爲量詞,"位"也是個褒義詞,"個"是個中性詞。作者在文中是爲了讚揚"愚公"貶斥"智叟",所以在稱呼二者的時候也選擇了具有不同褒貶色彩的詞,這樣一來,作者在文中的立場、態度也鮮明地表達了出來。

魯迅對褒貶詞語的選擇也非常慎重。我們來看下面的例子:

（8）清朝不惟自掩其兇殘,還要替金人來掩飾他們的兇殘……他們不過是一掃宋朝的主奴之分,一律都作爲奴隸,而自己則是主人。

（《病後雜談之餘 —— 關於"舒憤懣"》）

例（8）中的"主人"是原稿用詞,魯迅後來定稿時將其改爲"主子"。"主人"是個中性詞,而"主子"則是個貶義詞,正好與前文的"奴隸"呼應,更表現出了作者強烈的憤怒和鄙視的感情色彩。

2.形象色彩詞語的選擇

在現代漢語中,有些詞在表理性義的同時,還附帶著形象色彩,不僅可以直接反映出事物的特徵,還能夠對讀者的視覺形成刺激,讓讀者產生豐富的聯想。茅盾曾在《白楊禮讚》裏讚美過具有形象色彩的詞語 —— "麥浪"的藝術魅力:"和風吹送,翻起一輪一輪綠波, —— 這時你會真心佩服昔人所造的兩個字'麥浪',若不是妙手偶得,便確是經過錘煉的語言的精華。"

我們來看下面的例子:

（9）這櫻花,一堆堆,一層層,好像雲海似的,在朝陽下緋紅萬頃,溢彩流光。當曲折的山路被這無邊的花雲遮蓋了的時候,我就像坐在十一只首尾相連的輕舟之中,凌駕著駘蕩的東風,兩舷濺起嘩嘩的花浪,迅捷

地向著初升的太陽前進。（冰心《櫻花贊》）

（10）心聲是純真的。高明的醫生用聽診器聽到的心聲來
　　　診斷人的健康和疾病，誠實的表演藝術家時刻都在
　　　捕捉所扮演的角色的心聲。

（《心聲》，載《文匯月刊》一九八一年第九期）

例（9）用"雲海"一詞來形容櫻花，使讀者仿佛可以看到一片花的海洋，一望無際；"花雲"一詞則體現出了花的層層疊疊，給讀者以強烈的立體感；最後"花浪"一詞，更在讀者面前展開了一副極美麗的畫卷：一層層的櫻花，在微風的吹拂下，像波浪一樣此起彼伏，陣陣沁人心脾的花香撲面而來。換成別的詞語來描繪這漫山遍野的櫻花，就不會給人以如此豐富的聯想。例（10）兩個"心聲"，前一個是短語，用的是實義，並非具有形象色彩的詞；後一個是詞，是具有形象色彩的詞語，用"心聲"來表示人物的心理活動，能讓人產生聯想。

除了具有褒貶色彩的詞語和具有形象色彩的詞語外，現代漢語中還有一些詞語，雖然理性義相同，但具有不同的語體色彩，在選擇時要注意不同的語體。

我們來看下面兩個句子：

（11）新華社電：今天上午十時整，美國總統克林頓攜夫
　　　人和女兒在外交部長李肇星等的陪同下遊覽了北京
　　　八達嶺長城。

（12）村委會通知：今兒個上半晌十點來鐘，王村長要帶
　　　她老婆和閨女去省城大醫院看醫生，因此今兒個村
　　　委會就不開了哈。

例（11）屬於書面語體，其中的"夫人"是書面語詞，"女

兒"是中性詞;例(12)屬於口語語體,其中的"老婆"、"閨女"都是口語詞。因此,兩個句子中的這兩組同義詞就不能互換,否則顯得不倫不類。

關於不同語體色彩詞語的使用問題,我們在第六章、第七章討論不同語體的語言運用特點時還要討論,這裏就不再展開討論了。

第四章　句子修辭—句式的選擇

一、句子修辭和句式選擇的原則

衡量句式選擇的妥當與否，無非就是看它在兩個方面的表現：（一）是否恰當地表達了所要表達的語義內容，（二）是否適合具體的語境。

每種意思都有一個與它相匹配的句式，而每一種句式也都有它自己最適合的語境。因此，根據表達內容的需要和具體語境的要求，從眾多的句式中選用最好的一種句式來使用，就是句子修辭的任務。句式選用的過程，是對句子的調整、錘煉的過程，所以，句子修辭也就是所謂的"煉句"。

句式選擇的原則與詞語選擇的原則是一致的：都必須切合語境（題旨情境）。從語言的"靜態"角度去觀察每一個合乎語法規範的句子，是無所謂哪種句式好哪種句式差的；若從語言的"動態"角度去分析，即從哪個句子最能切合題旨情境的分析比較中，就可以看出句式選擇的高低來。如"你是沒有骨氣的文人！"與"你這沒有骨氣的文人！"這兩個句子，孤立地看，不能說後者用得比前者好；但把它們放在郭沫若劇作《屈原》的嬋娟怒斥宋玉的臺詞中，就會看出，用"你這沒有骨氣的文人"比用"你是沒有骨氣的文人"更為妥當。因為前者表達的內容不但切情切意，而且增添了譴責的分量，這就是根據語境的需要選擇句式的結果。徐遲的《哥德巴赫猜想》一文在敍述了陳景潤和華羅庚極爲相似的經歷後，用了「熊慶來慧眼認羅庚，華羅庚睿目識景潤。」這兩句來作概括，顯得特別醒目、突出，給人留下了極深的印象，這是一片散句中突現一個整句所獲得的修辭效果。

句式的選擇，還要同所屬的語體相協調。

屬於口語語體的，要看對象、場合來選用句式：講課、演說等，則要求句子連貫，條理清楚，並且適合聽者的接受水準。

屬於書面語體的，則要看具體是何種語體：如屬於科技語體的，爲了適應嚴密周詳的表達需要，較多採用長句、緊句；屬於文藝語體的，爲了適應形象、生動的表達需要，一般多選用短句、松句；屬於公文語體的，則以短句爲主，常夾用文言句式，給人以莊重、肅穆的語感；屬於政論語體的，一般多採用長句、緊句和散句，可以增強感染力和鼓動性。

二、句式的選用

（一）主動句與被動句

主動句是指主語是謂語動詞所表的行爲、動作的發出者的句子，被動句則是指主語是謂語動詞所表的行爲、動作的承受者的句子。

主動句是最基本的句式，因此我們說話、寫作中使用得比較多，它比被動句直截了當。但是從修辭學的角度來看，兩者是各有側重的：主動句強調施動者的行爲動作所起的作用，被動句則強調受動者的被動地位、被動狀態。在主動句、被動句兩種句式都可以使用的時候，我們要根據所表達的內容、語言環境來選擇最合適的句式。

"把"字句在主動句中，佔有修辭意義上的最重要地位。如何在可用可不用"把"字句式時作出合理的選擇？這是我們經常會碰到的問題。一般來說，在以下幾種情況下，選用"把"字句比較合適：

第一種情形，需要強調對受動者加以處置的。例如：

（1）我把那份要提交的文件改好了。

（2）我們把抗震救災用品發到每個災民手裏了。

例（1）、（2）如果不用"把"字句，而改成"我改好了那份要提交的文件"、"我們發給每個災民抗震救災用品了"，從語義上來講也是可以的，但是顯然失去了原句對受動者"文件"、"抗震救災用品"加以處置並予以強調的意味。

第二種情形，需要突出動作結果的。例如

（3）我們要把水淹的宿舍打掃乾淨。

（4）我們必須把利害關係講明白。

這兩個例子也可以用一般的主動句來表達，可改成"我們要打掃乾淨水淹的宿舍"、"我們必須講明白利害關係"。但是，改後的句子顯得平板呆滯，遠不及原句重點明確、突出。

第三種情形，需要調整句式，以適應句子或句群的整體需要的。例如：

（5）王老師把購買的債券變賣了，<u>把妻子的所有首飾也當掉了</u>，甚至把自己的住房也賤賣了，但還是沒能挽救心愛的女兒的生命。

例（5）由於上下文的關係，如果"把妻子的所有首飾也當掉了"改成"當掉了妻子的所有首飾"，就不能同前後的句子相協調，讀起來也沒有原句順當、連貫。

相對於主動句來說，被動句有其特殊的表達作用。一般說來，在以下幾種情況下，選用被動句比較合適：

第一種情形，為了突出被動者，強調主語的被動性。例如：

　　（6）一向活潑開朗的張教授，也被女兒的事弄得滿臉愁容。

例（6）為了突出被動者"一向活潑開朗的張教授"而用了被動句式。

第二種情形，為了使前後分句的主語一致，結構緊湊，語意貫通。例如：

　　（7）軍校的學員們在穿越這片沼澤地時出現了一些意外，有的學員被蛇咬傷了，有的學員被蒺藜刺傷了手腳，但大家還是按照指揮部的要求準時趕到了集合地點，沒有一個人掉隊。

例（7）是個複句，複句的第二個及第三個分句都選用了被動句式，這樣就使整個句子的主語一致了，從而顯得結構緊湊，語氣貫通。

第三種情形，為了敘述不愉快、不如意的事情，表達一種感情色彩。例如：

　　（8）在那個全民不擇手段只為賺錢的荒唐歲月裏，我國的生態環境和森林植被均遭受了嚴重破壞。

例（8）用被動句既體現了"我國的生態環境和森林植被"的被動性，同時也體現了作者對生態環境和森林植被遭受嚴重破壞的遺憾和惋惜。

第四種情形，行為動作的發出者不明或無法說出。例如：

（9）那瀑布從上面沖下，仿佛已被扯成大小的幾綹；不復
　　是一幅整齊而平滑的布。

例（9）中"瀑布"到底是被誰或者什麼東西"扯成大小的幾
綹"，無法說出，所以用被動句比較恰當。

（二）肯定句與否定句

肯定句是對事物作出肯定判斷的句子，否定句是對事物作出
否定判斷的句子。

有時，同一個意思既可以用肯定的表達方式，也可以用否定
的表達方式，但表達的效果是不同的。一般來說，肯定句語氣比
較果斷、直截了當，否定句語氣比較委婉、緩和。例如：

（1）在學術上搞大躍進是不可取的，在科研項目評審和學
　　術成果評獎中搞平均主義也是不可取的。

例（1）中採用否定的說法"不可取"，要比肯定的說法"應
該擯棄"在語氣上輕些、弱些，也顯得緩和婉轉一些。

只用一個否定副詞的否定句，其語氣自然要比肯定句弱些。
但是如果否定和肯定並用，兩者就能相互補充，相互襯托，從而
加強語氣，加深讀者的印象。例如：

（2）歷史必將證明：是人類消滅核武器，而不是核武器消
　　滅人類。

例（2）先肯定後否定，兩種形式並用，正反對照，相反相成，
語氣明顯加強，句子的修辭效果就出來了。

有時，肯定的意思也可以用雙重否定的形式來表示。所謂雙
重否定指的是一句話先後連用兩個否定副詞，或用一個否定副詞
加上否定意義的動詞或反問語氣詞，如"不……不"、"不可否

認"、"難道不是嗎"等，來表示肯定意思的一種形式。雙重否定句比一般的肯定句語氣更強烈，給人一種堅定有力，不容置疑的態勢。例如：

> （3）人與人之間應有的誠信缺失，公民的道德水準嚴重滑坡，這是不可否認的事實。

> （4）面對不法房產商如此惡劣囂張的行徑，我們的政府難道還能坐視不管嗎？

例（3）中的"不可否認"要比"應該承認"語氣上強得多，例（4）中"難道還能坐視不管"也要比"一定得管"語氣上強烈得多，後者甚至還帶有嚴厲批評的味道，可見雙重否定的修辭效果。

但是，我們也必須注意，不是所有的雙重否定句都會加強語氣，有時它恰恰可以起到弱化語氣的作用，使語意的表達顯得委婉、謹慎。例如：

> （5）你是個聰明人，這筆帳你不會算不清楚的。

> （6）現在科學發達，使荔枝的種植北移，也許不是完全不可能的事。

例（5）是個雙重否定句，但是非但沒有加強語氣，反而比"你會算清楚的"顯得更加委婉，柔和；例（6）也是雙重否定句，"不是完全不可能"使意思的表達留有餘地，體現了作者謹慎的文風。

（三）長句與短句

長句是指形體長、詞數多、結構比較複雜的句子，短句是指形體短、詞數少、結構比較簡單的句子。

短句的修辭效果是簡捷、明快、活潑、有力。在運用上，短句較適用於日常談話、辯論、演講、戲劇臺詞、廣播稿、散文、兒童文學作品和小說中的人物對話等。我們來看下面的例子：

> （1）鳥又可以開始丈量天空了。有的負責丈量天的藍度，
> 有的負責丈量天的透明度，有的負責用那雙翼丈量天
> 的高度和深度。而所有的鳥全不是好的數學家，他們
> 吱吱喳喳地算了又算，核了又核，終於還是不敢宣佈
> 統計數字。至於所有的花，已交給蝴蝶去數。所有的
> 蕊，交給蜜蜂去編冊。所有的樹，交給風去縱寵。而
> 風，交給簷前的老風鈴去 —— 一記憶，—— 一垂詢。
>
> （張曉風《春之懷古》）

這是一篇別致的抒情散文中的一段，作者抒寫了對記憶中的春天的美好回憶，並對春天的景致進行了獨特的也是唯美的描寫與童話般的詮釋，讀來讓人耳目一新。這裏沒有冗長的句子，幾乎全是 10 個詞以內的短句，給人一種明快、活潑、俏皮的感覺，寫出了春天的童真之美。因此不可能從容不迫、四平八穩地用長句來抒寫。

長句的修辭效果是嚴密周詳，精確明晰，委婉細膩，氣勢暢達。這就便於周密、詳盡地闡明道理，鄭重、莊嚴地闡述主張，氣勢磅礡地抒發感情，細緻傳神地描寫環境等。在運用上，長句較適宜於政治報告、社論、科學論著以及小說中的環境描寫等。

我們來看下面的例子：

> （2）秦嶺西部太白山的遠峰和松坡，渭河上游平原的竹
> 林、村莊和市鎮，都籠罩在茫茫的春雨中了。
>
> （3）我想，人們從這裏可以瞭解到中國革命所經過的艱苦
> 道路，先烈們的光輝業績，中國人民為了取得自由、

解放而付出的巨大代價。

（4）黃老媽媽一見女兒，也驚得呆了，她真不敢相信：這就是她的那個微黑的面孔上總是泛著紅暈的美麗的姑娘，現在變得多麼可怕啊！

（5）在他們的情緒中，在他們的作品中，在他們的行動中，在他們對於文藝方針問題的意見中，就不免或多或少地發生和群眾的需要不相符合、和實際鬥爭的需要不相符合的情形。

例（2）長在主語上，例（3）則長在賓語上，這樣的句子安排可以使主語、賓語所表述的事物或狀況得到全面的描寫和周密的概括。例（4）長在定語上，把"姑娘"的特點描寫得相當細緻；例（5）長在狀語上，遍及了話題所涉及的一切地方，使問題的討論沒有缺漏。

（四）松句與緊句

松句和緊句是從句子的組織結構的鬆緊來劃分的。松，是指組織鬆散、舒緩；緊，指組織緊湊、嚴密。如"小王是這樣的，小張也是這樣的。"和"小王和小張都是這樣的。"這兩個句子，前者是松句，後者是緊句。

緊句可以使表達緊湊有力、嚴密集中、重點突出。把拖遝的幾個分句或幾個句子壓縮為一句，就能收到緊句的效果。例如：

（1）他不想，也不忍，更不敢去拿將要發給災民的那些已經少得可憐的救命糧。

例（1）是由"他不想去拿將要發給災民的那些已經少得可憐的救命糧，他也不忍去拿將要發給災民的那些已經少得可憐的救命糧，他更不敢去拿將要發給災民的那些已經少得可憐的救命糧。"這麼一個複句壓縮來的，明顯要比原句簡練、緊湊。

松句可以使表達鬆弛、舒緩，層次清楚，文字輕鬆活潑。以下幾種情況可以考慮用松句來表達：

1.為了分層表達幾個相關的意思，可以把一個帶有較多附加成分的緊句改換成若乾鬆句來表述。例如：

（2）這是香港富商捐建的一個正中有一座安裝了隔音設備可容納兩千名觀眾欣賞影片的放映大廳，前面有一個栽滿了龍柏和美人蕉的不大不小的花圃，後面還有一個偌大的停車場的影劇院。

例（2）的賓語"影劇院"前面加了很長一串定語，讀起來很費勁，聽起來也很吃力。這時就可以作如下調整："這個影劇院是香港富商捐建的，它的正中是一座可容納兩千名觀眾欣賞影片的放映大廳，大廳安裝了隔音設備；大廳前面是一個不大不小的花圃，裏面栽滿了龍柏和美人蕉；大廳的後面還有一個偌大的停車場。"調整後形成的松句，層次分明，表達清晰，語氣舒緩，讓人感到從容、輕鬆。

2.為了強調句子中某些成分，可以先來一個總說，然後再分別加以敘述，如此就得使用松句。例如：

（3）他沒有能夠瞭解倒我們的戰士：他們的品質是那樣的純潔和高尚，他們的意志是那樣的堅韌和剛強，他們的氣質是那樣的淳厚和樸實，他們的胸懷是那樣的美麗和寬廣！

例（3）作者一方面要強調"品質"、"意志"、"氣質"、"胸懷"這四個方面，這些缺一不可；另一方面，又要突出這四個方面的具體內容，這些也缺一不可。因此，作者就先來個總說，然後用四個分句一一加以陳述，這樣就形成松句了。這個松句所表述的"我們的戰士"顯然給讀者留下了深刻完整的印象。

3.如果句子的某一成分過長，為了避免給人以囉嗦、累贅的感覺，可以把它提到句子外邊，然後在它原來的位置上用一個適當的代詞代替一下，這樣也形成了松句。例如：

（4）我們曾經反復地指出了相信日本的"和平保證"，以為戰爭或可避免，以及相信不動員民眾也可以抵抗日本侵略者的人們的錯誤。

例（4）顯得臃腫、拗口，"指出"與其搭配的詞語"錯誤"相距太遠，使讀者一下子搞不清"指出"的對象是什麼。如果調整為："我們曾經反復地指出了人們的錯誤：他們相信日本的"和平保證"，他們以為戰爭或可避免，他們甚至相信不動員民眾也可以抵抗日本侵略者。"就把意思表達清楚了。這裏將緊句改為松句的辦法是將一長串定語提出來單獨成句，在每句句首用代詞"他們"同首句的賓語"人們"構成複製關係，這樣使全句既簡潔明快，重點突出，又前後關聯，語氣貫通。

4.為了特別強調句子中某些詞語，加強語言的感染力，可以把這些詞語分開來反復使用，這樣也形成了松句。如：

（5）我們一定要恢復和發揚我們的革命前輩為我們樹立的群眾路線的優良傳統和作風，實事求是的優良傳統和作風，批評和自我批評的優良傳統和作風，謙虛謹慎、戒驕戒躁、艱苦奮鬥的優良傳統和作風，民主集中制的優良傳統和作風。

例（5）中"優良傳統和作風"重複了五次，不僅起到了強調突出的作用，而且還加強了語勢，給人以深刻的印象。如果把這個松句改成緊句"我們一定要恢復和發揚我們的革命前輩爲我們樹立的群眾路線，實事求是，批評和自我批評，謙虛謹慎、戒驕戒躁、艱苦奮鬥以及民主集中制的優良傳統和作風。"就沒有上述的效果了。

（五）口語句式與書面語句式

口語句式是指經常在口語裏使用的句式，生動活潑，明快自然，多用於日常談話和文學作品之中。書面語句式是指經常在書面語裏使用的句式，結構嚴謹，層次分明，比較重視邏輯關係，多用於政論文章、科學論著以及公文文書之中。

1.口語句式較多使用短句、省略句、非主謂句，而較少使用長修飾語和並列成分，顯得自然而活潑；書面語句式則較多使用長句、主謂句，並且較多使用長修飾語和並列成分，顯得莊重、嚴密。

試比較下面兩個例子：

（1）他叫朱鐵漢，今年二十一歲，是芳草地三名黨員中的一個；高個，紅臉，結實，粗壯，連喘氣都比一般人勁大。

（2）它決定地要破壞那些封建的、資產階級的、小資產階級的、自由主義的、個人主義的、虛無主義的、為藝術而藝術的、貴族式的、頹廢的、悲觀的以及其他非人民大眾、非無產階級的創作情緒。

例（1）是口語句式，用的是短句，爲了避免較長的修飾語，把"高個，紅臉，結實，粗壯"處理爲並列關係的無主句，突出了朱鐵漢的形象，給人以深刻的印象。例（2）是書面語句式，用的是長句，"創作情緒"前用的是多項聯合短語充當的長修飾語，表達得周詳、嚴密，顯示了書面語的特色。

2.口語句式靈活多變，關聯詞語用得較少，分句間的關係如能從上下文看出來，就往往不用關聯詞語了；書面語句式則要求準確、嚴謹，關聯詞語使用得較多。試比較下面兩個例子：

（3）抗戰勝利的果實應該屬於誰？這是很明白的。比如一棵桃樹，樹上結了桃子，這桃子就是勝利果實。桃子應由誰摘？這要問桃樹是誰栽的，誰挑水澆的。

（4）但高超固然是可敬佩的，無奈這高超又恰恰為日本侵略者所歡迎，則這高超仍不免要從天上掉下來，掉到地上最不乾淨的地方去。

例（3）用的都是口語句式，用了一連串的短句，回答了抗戰勝利果實應該屬於誰這個原則問題，雖然沒有用一個關聯詞語，但邏輯關係明確，通俗易懂，乾脆有力。例（4）是魯迅先生《答托洛斯基派的信》中的一句話，用的是書面語句式，句中貼切地使用了關聯詞語，造成強烈的諷刺效果，增強了文章的論辯力量。

口語句式即使使用關聯詞語，其對關聯詞語的選擇也有別於書面語句式。

我們來看下面的句子：

（5）就算大家都答不出來，還有一個列寧呢。

這個口語句式中使用了關聯詞語"就算"，如果是在相應的書面語句式中，就會用"假若"、"即使"、"即便"、"縱然"等，一般說來，口語句式中使用的關聯詞語跟書面語句式中使用的關聯詞語往往是成雙成對的。例如：不管 —— 無論，就算 —— 即使，哪怕 —— 縱然，再說 —— 況且，可是 —— 然而等等。使用時可加以注意。

3.書面語句式更注意加工潤色，增強特有的修辭色彩。有時在原來充當謂語的雙音節動詞前，加上"作、加以、給以、予以、進行"之類的動詞，構成動賓結構，例如"作個考察、加以研究、給以考慮、予以解決、進行比較"等等。有時把動賓短語特意換成偏正短語，原來的動詞部分成了中心語，例如"學習理論"改成"理論的學習"，"我們要注意學習理論。"就可以說成"我們要注意理論的學習。"這是一種突出的書面語句式。書面語句式中還保留了許多文言句式，例如"從中層以上社會至共產黨右派，無不一言以蔽之曰'糟得很'。"恰當地使用文言句式可以收到言簡意賅、莊重嚴肅的修辭效果。

（六）整句與散句

句子結構相同或者相近，形式整齊的，叫整句，例如對偶句、排比句等。相反，句子結構不整齊，各種形式的句子交錯使用的，叫散句。

整句的修辭效果是聲音和諧，氣勢貫通，意義內容隨形式的整齊而能表達得集中鮮明。因此，在詩歌、唱詞、抒情散文等文體中應用較廣，適合於表達豐富的感情、深刻的感受，給人以鮮明的印象和強烈的感受。

（1）只要我們向民眾講清楚災區的慘烈狀況，我們就能募集到幾千萬元愛心捐款，而不是十幾萬元。

例（1）用的是散句。如果要強調的是在民眾知情的情況下可以募集到幾千萬元愛心捐款，我們可以把它改成："只要我們向民眾講清楚災區的慘烈狀況，我們能募集到的愛心捐款，就<u>不是</u><u>十幾萬元，而是幾千萬元。</u>"改動以後，句子的劃線部分字數相同，結構相當，構成了整句，這樣就更有力地突出了要強調的部分，收到了整句的效果。

　　散句的結構靈活多樣，它所表達的內容雖不象整句那樣集中，但因爲散而不亂，豐富多彩，所以能避免表達的單調、呆板，能收到生動活潑的效果。可以說，散句在各種語體中的使用都很頻繁。

　　我們來看下面的例子：

　　　　（2）更有趣的是，還有一種"發汗材料"陶瓷鋼板。當濕度增到相當高的時候，發汗材料所含的某種金屬（例如金屬銅），就蒸發了，好象人出汗一樣，汗帶走了許多熱量，使飛行器溫度下降，免於燒毀。發汗材料"出汗"後，外部形狀和大小不變，這就保證了飛行器正常運行並能準確地到達目的地。

　　例（2）顯然出自於通俗科技語體的文章中。整段文字由三個句子組成，這三個句子結構參差不齊，第一句是單句，後兩句是複句。複句內部的分句有的結構簡單，有的結構複雜。這樣的長短不一、變化多樣的句式交錯使用，顯得輕鬆活潑，易於讓人接受。

　　正因爲整句和散句各有各的修辭效果，因此在較多的情況下是兩種形式交錯運用，使文字既整齊和諧，又富於變化。

　　我們來看下面的例子：

　　　　（3）各種事物都有它的極致。<u>虎嘯深山</u>，<u>魚遊潭底</u>，<u>駝走大漠</u>，<u>雁排長空</u>。這就是它們的極致。

（4）美呀，從何而來？你從<u>苦中來，巧中來，險中來</u>，從李月久的那顆飄揚著五星紅旗的美麗的心靈裏，迸發出來！

　　例（3）中第一、三句是散句，中間劃線部分，即第二句，是整句；這樣散中有整，跌宕多姿；而且整句正好解釋了什麼是事物的"極致"，形式與內容得到了完美的統一。例（4）中劃線部分是整句，其後是散句，是整中有散，散句是對前邊整句所述內容的集中和深化。

第五章　辭　格

一、辭格概說

辭格，又叫修辭格，最早見於唐鉞的《修辭格》一書，後來陳望道先生在《修辭學發凡》中用了“辭格”這一術語，遂沿用至今。

辭格是修辭學中具有特定表達效果的語言結構模式。

辭格必須具有特定的表達效果。前輩學者將這種特定的表達效果解讀爲生動的形象感、耳目一新的新奇感以及似曾相識的婉曲感等。不管怎樣解讀，辭格所給予聽讀者的絕不會是一種無動於衷的平淡感覺。按照辭格的這個內涵或叫作屬性，有些所謂的“辭格”可能就會被取消“格籍”。如陳望道在《修辭學發凡》中所列的節縮格、省略格等，今天已經沒有人再將它們列爲辭格了。有些辭格也正在走向末路，如“反問”、“設問”、“轉類”、“避諱”、“易色”、“引用”等等，今天我們已經很難感受到它們的特殊表達效果了，常將它們當做一般的語言文字表達看待了。

其次，辭格必須具有專屬於自己的語言結構模式。也就是說，每種辭格，在語言文字層面必須具有專屬於自己的特殊形式標記，人們在感受到一種語言文字表達的獨特魅力時，能夠憑藉它的特殊形式標記而知道它是一種什麼辭格。按照辭格的這個屬性，有些所謂的"辭格"就不夠擁有"格籍"。如有些修辭學書中討論的"幽默"、"諷刺"、"精警"等辭格，就沒有專屬於自己的語言結構模式。

如"諷刺"辭格常列舉的典型例子是：古代有一個尚書與侍郎有隙，有一次在皇宮外等待上朝的時候適逢有一犬從其邊上溜過，這個尚書靈機一動，就故意問侍郎："适才過者是狼是狗？"（這裏是利用諧音暗罵侍郎是狗）侍郎也聰明，便作答："尾下垂是狼，上豎是狗！"（這裏也是利用諧音回罵尚書是狗）這段對話對於交鋒雙方而言是頗具諷刺意味的，但"适才過者是狼是狗？"、"尾下垂是狼，上豎是狗！"這兩段文字所具有的是諧音雙關的形式標記，也就是說，雙方是通過雙關辭格而達到諷刺對方的目的的。因此，這個典型例子是雙關辭格的用例，不能看作是諷刺辭格的用例。

又如"精警"辭格常列舉的典型例子是：人生就是一卷膠捲，每次閃光都會留下片段。這其實是運用了比喻辭格，這個比喻辭格蘊含了深刻的人生哲理，給人以深思和啓迪，因而被當作了精警辭格。

除了上述兩個基本特質之外，典型的辭格，往往會給一些普通詞彙增加一些全新的意義，這些意義有的只是"逢場作戲"，臨時閃亮登場，如流星劃過夜空，絢麗一下就沒了；有些則被人們反復使用，久而久之就成了一種約定俗成，沉積在了一些詞的詞義架構中了。

如"江南的仲夏夜降臨得很遲，18點過後，西邊的天際還燃燒著一抹晚霞。"這個句子的後半部分是一個比擬辭格，在這個辭格中，"燃燒"一詞被賦予了一個全新的意義 —— 閃現著，這個意義在辭書中是找不到的，是"燃燒"一詞的臨時意義，離開了這個句子，"燃燒"就不表這個意義了。

但是如"這裏沒有常見的摩天大樓，也不見有熙熙攘攘的人群，但確確實實是這個國家的心臟。"這個句子最後一部分中的"心臟"開始表"中心部位、地區"之義的時候，也是臨時義，是比喻辭格所賦予的全新意義。但人們多少年來反復使用"心臟"的這個意義，久而久之，這個意義就被約定俗成下來，沉積在了"心臟"一詞的詞義架構中，成爲"心臟"一詞的固定意義了。這個時候，我們就不能說，"心臟"的這個意義是比喻辭格所賦予的意義了，也就是說，這裏並不存在比喻。不少修辭學書籍將類似的句子作爲比喻辭格的典型例子，實在是大謬。

二、漢語中常見的辭格

（一）比　喻

比喻是指在描寫事物或說明道理時，用同它有相似點的本質不同的別的事物或道理來打比方。

比喻有三個要素：本體，即所要說明的事物；喻體，用來作比的事物；相似點，也叫喻解，指的是本體同喻體的相似之處。以往把喻詞作爲比喻的三個要素之一是欠妥的。

比喻的構成必須具備兩個特點：

1.本體和喻體必須是本質不同的兩類事物。

有人所謂的"同體比喻"是不存在的。如下面的句子就不是比喻：

（1）那葉子和花仿佛在牛乳中洗過似的。

（2）她的臉白得像死人一樣。

2.本體和喻體必須具備相似點。

喻解可以分爲兩大類：

一類叫顯性喻解，即喻解非出現不可，否則比喻的語義不明確。如：

（3）山下的敵人像螞蟻一樣多。

例（3）中的喻解"多"不可省略，否則該比喻的語義就不明確："山下的敵人"是"像螞蟻一樣多"，還是"像螞蟻一樣亂"。

還有一類叫作隱性喻解，即喻解可以省略，但不是沒有喻解。如：

（4）江南的夏夜，蛙聲如潮。

例（4）中的喻解"此起彼伏"省略了，那是語言的經濟原則使然，因爲在江南的夏夜，"蛙聲"和"潮水"的相似點只有一個："此起彼伏"。

顯性喻解又可以分爲以下3種類別：

1.限定性喻解。喻解往往由一個詞或一個短語構成。如：

（5）兔子的日子就像兔子尾巴長不了啦。

2.延伸式喻解。喻解往往由一個句子構成，順著比喻引領的方向繼續說下去。如：

（6）她的絕情的話語就像一把鋒利的匕首紮在湯姆的心
　　　上，讓他的心至今依舊隱隱作痛。

3．解證式喻解。喻解往往是一個複句或句群，這是因爲本體和喻體的相似點一般人沒法洞察，設喻者必須交代清楚。如：

（7）這教授好比夫人，副教授呢還比如夫人，講師就像那

> 通房丫鬟：只要主人喜歡，這通房丫鬟很快就可以成
> 為如夫人，而如夫人成為夫人，則是一種遙遙無期的
> 等待。

比喻的常見類型有：

1.明　喻

本體、喻體都出現，常用喻詞"像、如、似"等的比喻。如：

> （8）她秀美的面容上依然毫無表情，在滿天濃重的夕輝映
> 　　　照下，像一尊大理石雕像般冷峻、端莊。

2.暗　喻

本體、喻體都出現，常用喻詞"是、變成、等於"等的比喻。如：

> （9）國慶的自由廣場變成了花的海洋。

3.借　喻

只出現喻體，不出現本體和喻詞的比喻。如：

> （10）飛行員們駕駛著銀鷹飛翔在祖國的藍天。

4.博　喻

幾個喻體從不同角度、不同側面分別設喻去描寫和說明一個本體的比喻。如：

> （11）鴻漸沒法推避，回臉吻她。這吻的分量很輕，範圍
> 　　　很小，只仿佛清朝官場端茶送客時的把嘴唇抹一抹
> 　　　茶碗邊，或者從前西洋法庭見證人宣誓時的把嘴唇
> 　　　碰一碰《聖經》，至多像那些信女們吻西藏活佛或
> 　　　羅馬教皇的大腳趾，一種近而遠之的親近。
> （12）兩岸都是懸崖峭壁，累累垂垂的石乳一直浸到江水
> 　　　裏去，像蓮花、像海棠葉兒，像一掛掛的葡萄，也

> 像仙人騎鶴，樂手吹簫……說不定你忘記自己在灘
> 江上了呢！

5.縮　喻

將本體和喻體組合成偏正結構的比喻，本體一般是修飾語，喻體一般是中心語。如：

> （13）在朝鮮的每一天，我都被一些事情感動著；我的思
> 想感情的潮水，在放縱奔流著。
> （14）每次唱歌，都有唱有和，互相鼓舞著唱，互相競賽
> 著唱。有時簡直形成歌的河流，歌的海洋。

6.引　喻

只出現本體、喻體，不出現喻詞，一般用並列的句式表示兩者的比喻關係的比喻。如：

> （15）樹影再長也離不開樹根，人走得再遠也忘不了故鄉。
> （16）射箭要看靶子，彈琴要看聽眾，寫文章做演說倒可
> 以不看讀者不看聽眾麼？

7.較　喻

本體和喻體之間不但有相似點而且在程度上相互比較的比喻。又稱“權衡式比喻”。可分為強喻和弱喻兩類。

強喻是本體在程度上超過了喻體的一種較喻，常用的比喻詞是“比……還（更）”、“勝過”、“超過”等。如：

> （17）他的作品不該在書店裏賣，應當在藥房裏作安眠藥
> 發售，比羅明那兒、渥太兒都有效而沒有危險性。
> （18）他們比老鼠還狡猾，比蒼蠅還不衛生，比毒蛇還陰
> 險，比妲己還荒淫。

弱喻是本體在程度上不及喻體的一種較喻，常用的比喻詞是

"不如"、"不及"等。例如：

（19）人們看慣了什麼闊人的通電，什麼會議的宣言，什
麼名人的談話，發表之後，立刻無影無蹤，還不如
一個屁臭得長久。

（20）我們四川人還有人用牛糞作燃料，至於那些又臭又
長的文章，恐怕連牛糞都不如。

8.反　喻

否定本體、喻體之間有相似點的比喻，這種比喻實際上是從
反面設喻，借否定喻體以強調突出本體的特徵。如：

（21）這個整天同鋼鐵打交道的技術員，他的心倒不像鋼
鐵那樣。

（22）文章的結尾最好能讓讀者覺得余香滿口，餘味無窮，
千萬不要是一粒發了霉的花生米。

9.對　喻

同時列舉兩個或更多的本體和喻體，使其構成對比或比較，
常用"如果……，那麼……"來連接的比喻。如：

（23）如果說中國地圖是一隻脖子挺得很硬、尖嘴有力地
向裏彎起隨時準備向前猛烈沖躍的雄雞的話，那麼
大連就是那有力的尖嘴，興安嶺則是它驕傲的金冠。

（24）如果說春天是一個穿紅著綠的鄉下姑娘，那麼夏天
就是一個臭汗渙發的粗野武夫。

（二）比　擬

比擬是把甲事物當作乙事物來描寫的一種辭格。

我們來看下面的幾個例子：

（1）答錄機接受了主人的指令，"叭"地一聲，不唱了。

（2）咱們老實，才有惡霸，咱們敢動刀，惡霸就得夾著尾巴跑。

（3）牽也牽不住的小雨啊，總在我心靈處挑著、刺繡著纏綿的鄉愁。

例（1）是把無生命的"答錄機"當作人來寫；例（2）則是把有生命的人 —— "惡霸"當作物來寫；例（3）將看不見摸不著的鄉愁當作可以挑、可以刺繡的具體東西來寫。

從上述例子可以看出，比擬包括本體、擬體和擬辭三個基本要素。本體是被比擬的事物，擬體是用來比擬的事物，擬辭則是描述擬體的詞語。本體和擬辭是不可或缺的，擬體是不能出現的 —— 如果出現了擬體，就成爲明喻了。如例（2）中，本體爲"惡霸"，擬辭是"夾著尾巴跑"，沒有出現擬體 —— 狼、狗等有尾動物。如果補出擬體，成了"惡霸就得喪家狗一般夾著尾巴跑"，變成了明喻。所以，國內有學者認爲，比擬實是省略了喻體的比喻，並非沒有道理，但是據此就認定比擬辭格沒有存在的理由，因此要加以取締，就不可取了。

比擬可以根據擬體的類別來分類，可分爲兩大類：一類的擬體是人，就叫擬人，一類的擬體是人以外的事物，就叫擬物。

1.擬　人

把人以外的事物當作人來描寫，賦予物以人的動作行爲或思想感情的一種比擬。具體又可以分爲以下兩種情形：

第一種情形是用表現人的特徵的詞語來描述人以外的事物。如：

（4）一捆捆的稿紙從屋角的兩隻麻袋中探頭探腦地露出臉

來。

（5）鳥兒將巢安在繁花嫩葉當中，高興起來了，呼朋引伴地賣弄清脆的喉嚨，唱出宛轉的曲子，跟清風流水應和著。

第二種是讓人同人以外的事物說話，或者直接讓人以外的事物變成人，像人一樣地說話、行動，具有人的思想感情。如：

（6）毛主席身邊的小八路端著水，望著小苗笑，他好像在說：“小苗啊小苗，你喝了延安的水，長吧，快長吧！”

（7）街上非常熱鬧。電車不慌不忙地跑著，客客氣氣地響著鈴鐺 —— 一點也不性急，好像說：“借光。呃，借光。”

2.擬 物

把人當作一般事物來描寫或者把人以外的甲事物當作乙事物來描寫的一種比擬。也可分為以下兩種情形：

一種是把人當作一般事物來描寫，如：

（8）我到了自家的房外，我的母親早已迎著出來了，接著便飛出了八歲的侄兒宏兒。

（9）有些人很愚蠢。他們就是不懂得計畫優生的好處，胡亂地繁殖一通。

例（8）中，動詞“飛”本是飛禽的動作，這裏用來描寫人 —— “我”的“八歲的侄兒宏兒”；例（9）中，“繁殖”本是描寫禽獸特性的詞語，這裏卻用來描述“有些人”。

另一種是把甲事物當作乙事物來寫，如：

（10）還有一問，是“公理”幾塊錢一斤？

（11）晚飯後，鮑小姐和蘇小姐異常親熱，勾著手寸步不
　　　離。他全無鬥志，跟上甲板，看她們有說有笑，不
　　　容許自己插口，把話壓扁了都擠不進去。

例（10）中是把抽象的概念"公理"當作具體的商品來寫，
能值"錢"；例（11）中是把無形的"話"當作有形的東西來寫，
能"壓扁"。

比喻中的借喻在外形上同比擬有相近之處：前者只出現喻
體，後者只出現本體，前者喻體後的那些詞語實際上寫的是本體，
後者本體後出現的那些詞語是擬體才會有的情狀和行為。但兩者
還是存在著本質區別。我們來看下面兩個例子：

（12）最可恨那些毒蛇猛獸，吃盡了我們的血肉，一旦把
　　　它們消滅乾淨，鮮紅的太陽照遍全球。

（13）趙樹理長期把根紮在太行山的土壤裏，汲取鄉土裏
　　　的營養，開出濃郁的鮮花，結出香甜的碩果。

例（12）中"毒蛇猛獸"是可以"吃盡了我們的血肉"的，
"鮮紅的太陽"也是能夠"照遍全球"，這顯然不是把人以外的
事物當作人來描寫。但是，這裏作者要揭露的是"剝削階級"，
所渴望的是"共產主義"，因此，這是個借喻，是用"毒蛇猛獸"
和"鮮紅的太陽"分別喻代"剝削階級"和"共產主義"。只是
喻體出現了，本體沒有出現。

例（13）中"趙樹理"是位作家，不是植物，沒有"根須"，
也就不可能"汲取鄉土裏的營養"，更不可能"開出濃郁的鮮
花，結出香甜的碩果"。顯然，這裏是用植物才具有的一系列行
為和情狀來描寫"趙樹理"這個人了，因此是比擬。

（三）誇　張

誇張指的是故意言過其實，對客觀的人或事物作擴大或縮小等的描寫的一種修辭格。

我們來看下面的例子：

(1) 每一個都打扮得那麼花哨好看，小妞子都看呆了，嘴張開，半天也閉不上！

(2) 孩子不足兩歲，塌鼻子，眼睛兩條斜縫，眉毛高高在上，跟眼睛遠隔得彼此要害相思病，活像報上諷刺畫裏中國人的臉。

例（1）中作者故意誇大“嘴張開”的時間，說它“半天也閉不上”，以構成誇張；例（2）中作者故意誇大小孩的眉毛與眼睛之間的距離，竟然遠到了彼此要害相思病的程度，這顯然是誇張，但同時也是比擬。

誇張可以根據誇張前後的事物或情狀的關係分為以下幾種類型：

1.擴大誇張

故意把事物往大處說的一種誇張。如：

(3) 一跑，就喘不過氣來，而且嘴唇發焦，明明心裏不渴，也見水就想喝。不跑呢，那毒花花的太陽把手和脊背都要曬裂。

(4) 在海南島，有許多美麗而奇怪的山峰，如飛魚嶺，筆架山，抱虎山，和尚山，仙槎石……，真是長一身舌頭也說不完。

2.縮小誇張

故意把事物往小裏說的一種誇張。如：

> （5）袁天成說："不行！滿喜你也回去歇歇吧！活我不做
> 了！三顆糧食，收不收有什麼關係？"

> （6）大家對他倆雖是恨之入骨，可是誰也不敢說半句話。

3.超前誇張

故意把兩件事物中後出現的說成是先出現或同時出現的一種
誇張。從本質上說，這也是一種擴大誇張，是擴大誇張的一種變
體。如：

> （7）58 度的金門高粱酒，那可真是好酒啊，還沒沾唇就
> 已讓人醉了。

> （8）看著微風中不斷搖曳著的望不到邊際的快熟的小麥，
> 他仿佛已經聞到了那白面饅頭誘人的香味兒，看到了老
> 婆、孩子啃著饅頭的幸福笑容。

值得注意的是，誇張經常會借助比喻、比擬等辭格來實施。
除了例（2）之外又如：

> （9）地上是冰凍的，身上一貼著地皮，那寒氣嗖嗖地直往
> 肚皮裏鑽，平日裏厚重嚴實的棉衣，這工夫仿佛變
> 成一層薄紙，不頂事了。

> （10）她立在地上，破口大罵，上至列祖列宗，下到子子
> 孫孫，罵得蚊子都睜不開眼。

例（9）是通過比喻來實施的誇張，例（10）則是通過比擬來
實施的誇張。

誇張雖然是故意言過其實，但必須還得要以那個 "實" ——
即事實為基礎。如果罔顧事實，任意誇大或縮小，那就是胡說八

道了，而不是誇張了。就像著名相聲表演藝術家侯耀文同師勝傑、石富寬合說的一段相聲中所說的：什麼沙漠中刮大風，一天晚上，把一口水井給刮走了；什麼一匹高大的西洋產的賽馬在溜達時一不小心掉在手臂粗的茶缸中淹死了；什麼在天津捕到的一隻蟋蟀頭有火車頭那麼大，眼睛就像兩隻巨大探照燈，身體就像一列貨車那麼長等等，就只能成為相聲中的包袱了，根本談不上是誇張。

（四）借 代

借代也叫換名，指的是不直說本名，而借相關事物的名稱來代替本名的一種修辭格。

我們來看下面的例子：

> （1）禿頭站在白背心的略略正對面，彎了腰，去研究背心上的文字。

例（1）中就用了借代辭格：這裏沒有直接說人的姓名，而是借用其外貌特徵"禿頭"和衣著特徵"白背心"來代指這兩個人。

從這個例子可以看出，借代由本體和借體構成，被代替的事物是本體，用來代替的事物是借體；本體不出現，只出現借體。

借代可以根據本體與借體之間的關係大致分成以下四大類：

1.特徵、標誌代本體

用事物的特徵或標誌來代指事物。如：

> （2）一間陰暗的小屋子裏，上面坐著兩位老爺，一東一西。東邊的是一個馬褂，西邊的是一個西裝，……馬褂問過他的姓名年齡籍貫之後，就又問道："你是木刻研究會的會員麼？"

（3）田丁正在爭執，一個人氣噓噓地拿著一枝短槍趕上來了，斜楞著三角眼，看光景是個小官兒。三角眼大聲責問：“抓住了嗎？”

（4）小趙接過煙，狠狠地吸了一口，忙從嘴裏取下來煙，看看牌子，咂咂嘴：“首長，你可是大炮換鳥槍，也抽起‘大前門’來了。”

例（2）是用衣著特徵“馬褂”來代指本體，例（3）是用外貌特徵“三角眼”來代指本體；例（4）則是用煙標上的商標名稱“大前門”來代指香煙。

有人把下列借代單立為一類，叫作“產地代本體”：

（5）茅臺他夠不上，專喝“啤酒”，有瓶的不喝零的，有“青島”不喝“北京”。

（6）一斤特等龍井，可以抵得上當地一個普通職工三四個月的全部收入，所以普通市民是消費不起的。

例（5）中“青島”、“北京”是用啤酒的產地來指代“青島啤酒”和“北京啤酒”，例（6）中“龍井”是用茶葉的產地來指代“龍井茶葉”。

我們以為，所謂“產地代本體”本質上也是一種“特徵代本體”，與用商標名稱“大前門”、“飛馬”、“中華”、“長壽”來代指香煙沒有多少差異，沒有必要單立為一類。

2.部分代整體

用事物的一部分來代指事物。如：

（7）老爹為避開這些四個輪子，把自己的兩個輪子隨手一拐，進了一條小馬路。（林斤瀾《頭像》）

（8）幾千雙眼睛都盯著你，看你穿上戰士的衣服，看你掛著銀質的獎章。

　　有人把下列借代單立爲一類，叫作"工具、材料代本體"：

　　　（9）雨來剛到堂屋，見十幾把雪亮的刺刀從前門進來。

　　　（10）祖輩的年月就不用說了，幾十年象牛馬一樣出汗出

　　　　　力，累斷了筋骨，到頭來連六塊板也撈不到。

　　例（9）中"刺刀"是敵人使用的武器 —— 槍的一部分，用來指代敵人；例（10）中"六塊板"是做棺材的材料，這裏用來指點棺材。

　　我們以爲，所謂的"工具、材料代本體"本質上也是一種"部分代整體"，武器是軍人的構成部分，六塊板是棺材的主要構成部分，沒有必要單立爲一類。

3.具體代抽象

　　用具體的事物來代替抽象的概念。如：

　　　（11）你肚子裏有墨水兒，腦瓜兒又活，看個文件什麼的，

　　　　　只要拿眼把題目一掃，裏面的內容便能猜個大概。

　　　（12）他們告誡即將出發的每一位戰士，要在那個地方紮

　　　　　下根來，就不能隨便拿取老百姓家中的一針一線。

　　例（11）中是用具體的"墨水兒"代指抽象的文化，"腦瓜兒"也指代抽象的思維；例（12）中是用具體的"一針一線"來代指抽象的"物品"。

　　有人將下列借代單立爲一類，叫作"處所代本體"：

　　　（13）美國的民眾憤怒了，他們堅決反對政府用他們的納

　　　　　稅錢爲華爾街的資本運作失誤買單。

　　　（14）關於朝鮮的南北磋商，北京一直很積極，華盛頓也

　　　　　表現出極大的興趣，可莫斯科則反應冷淡。

例（13）中"華兒街"是美國紐約市一條街道的名稱，那裏是美國的金融中心，這裏是用來指代金融寡頭、資本巨鱷；例（14）中的"北京"指代的是中國政府，"華盛頓"指代的是美國政府，"莫斯科"指代的是俄國政府。

我們以爲，所謂的"處所代本體"，本質上也是一種"具體代抽象"。無論是金融寡頭還是政府均爲抽象的概念，而"華爾街"、"北京"等則十分具體實在。

4.專名代泛稱

用專用名詞來代替具有專用名詞所指事物的特徵的一類事物。如：

（15）殺了那麼多同學的馬加爵是抓住了，等待他的必然是法律的嚴懲了。但是，想到我們的高校中究竟還潛伏著多少個馬加爵，我心裏卻始終感到很沉重。

（16）北京市在大張旗鼓地宣傳公交系統的好心售票員李素麗。是的，改革開放以後，無數的人們成了拜金主義者和利己主義者，李素麗們是越來越少了，而隨著社會的進步與發展，我們多麼渴望在每個服務視窗都能遇到李素麗啊！

借代是一個極爲常用的辭格，在使用時要注意以下的問題：

1.使用借代，要注意所選借體的明確性和代表性，也就是說要讓一般聽讀者一下就能知道所指代的本體是什麼，如果大家都不知道所指代的是什麼，這個借代的使用就是失敗的。如：

（17）她從小就頑皮，特別討厭學校的生活，經常翹課，初中沒念完就輟學在家了，沒想到的是她後來竟然嫁給了一個戴眼鏡的，著實讓家人吃了一驚。

例（17）中"戴眼鏡的"所指爲何，只有作者知道。從上下文來看，應該是指代"教師"或"知識份子"。但如果是用"戴眼鏡的"來指代"教師"或"知識份子"，這個借體的選擇就有問題，因爲"戴眼鏡的"並非是"教師"或"知識份子"所獨具的。如果指代教師可以說是"拿粉筆的"或"站講臺的"，指代知識份子可以說是"高學歷的"。

2.使用借代，也要注意借體的褒貶色彩。有些借體是褒義的，有些借體是貶義的，更多的借體是中性的，使用時要加以區分。我們來看下面兩個例子：

（18）這個因貪賄和生活腐敗而落馬的組織部長把他唯一沒有交代的秘密偷偷告訴了他的鮑叔牙，而這位鮑叔牙卻拿著部長的這個秘密去勒索部長的妻女。

（19）日寇第 11 師團攻破東城門之後，有一隊鬼子兵似乎得到了什麼情報，驅車直撲國軍第 89 軍軍部，試圖活捉該軍軍長獨眼龍，但沒想到遭遇頑強阻擊，遲遲無法接近第 89 軍軍部。

例（18）中指代"知心朋友"的"鮑叔牙"是褒義的，在這裏卻被用來指代腐敗分子的朋友及敲詐勒索嫌疑犯，頗爲不妥；例（19）中指代只有一隻眼睛的人的"獨眼龍"是含有貶義的，在這裏用來指代抵抗侵略軍的國軍將領，也同樣是極爲不妥的。

借代和借喻的共同特徵均是本體事物不出現，借另一事物來代指本體事物，所以歷來有爭論，如魯迅《故鄉》中的"圓規"楊二嫂，夏衍《包身工》中的紡織女工"蘆柴棒"，是借代還是借喻，爭論激烈。其實兩者的區別還是比較明顯的：

1.借喻的本體、喻體之間有一種相似性，但本質上是不同的事物，兩者之間沒有實在的關係，而借代的本體、借體之間不存在相似性，但卻有實在且密切的聯繫。試比較：

　　（20）我們要負起責任來，要精心呵護這些從地震災區送來的祖國花朵。

　　（21）刹車突然失靈，讓他驚出了一身冷汗，而前面幾十米開外的斑馬線上正行走著的一隊"綠領巾"，更讓他徹底絕望 —— 他毅然撞向那棵粗大的行道樹。

　　例（20）中"祖國的花朵"同指代的"少年兒童"只具有相似性，無實在的聯繫 —— 少年兒童頭上並沒戴花朵，所以是借喻。例（21）中"綠領巾"同所指代的"少先隊預備隊員"之間沒有相似性，而只有實在的聯繫 —— "綠領巾"是他們佩戴的標誌，所以是借代。

　　2.借喻一般都能轉換成明喻，如例（20）中本體、喻體可以構成"少年兒童就像祖國的花朵。"這樣的明喻；而借代一般不能轉換成明喻，如例（21）中本體、借體就不可以說成："少先隊預備隊員就像綠領巾。"

　　所以前面提及的"圓規"楊二嫂和包身工"蘆柴棒"均應為借喻，因為楊二嫂並沒整天手拿著圓規，而是她細腳伶仃的樣子像圓規；包身工骨瘦如柴的樣子像蘆柴棒，而不是她整天拿著蘆柴棒，從而由此得名。

（五）雙　關

　　雙關指的是利用語音或語義條件，有意使語句同時兼有表面和內裏兩種意思，言在此而意在彼的一種辭格。

　　我們來看下面的例子：

（1）東邊日出西邊雨，道是無晴卻有晴。

例（1）中利用的是"晴"和"情"同音的條件，表面上說的是天氣的陰晴，實際上說的是人的無情和有情，因爲這是一首送行詩中的兩句。

從例中我們可以看出，雙關一定是要同時關涉兩種意思，如果只有想表達的意思就不是雙關。如：

（2）北伐軍中多虎將，大敗山東兩隻獐。

例（2）中也利用了"獐"和"張"的同音條件，詩中說的是一種動物"獐"，實際說的是兩個姓張的小軍閥。但例（2）不是雙關，因爲它沒有表層意義，這個"獐"只有一層意思 —— 姓張的軍閥，而沒有動物"獐"的意思：北伐軍將領不會去山東打獵；去山東把"獐"打敗了，也不能說明北伐軍中多虎將。

雙關可以根據所利用的條件的差異分爲兩大類：諧音雙關和語義雙關。

1.諧音雙關

諧音雙關是利用語音條件而有意使語句同時兼有表面和內裏兩種意思，言在此而意在彼的一種雙關。如：

（3）姓陶不見桃結果，姓李不見李開花，姓羅不見鑼鼓響，三個蠢才哪里來？

（4）你們有的人腳上起了一個泡，有的人起了幾個泡，這樣說來我們全團至少有 2000 多個泡，我們有 2000 多個泡還不打勝仗？

漢語中的許多歇後語常常是利用諧音雙關構成的。如：

旗杆上綁雞毛 —— 好大的撣（膽）子

孔夫子搬家 —— 儘是書（輸）

外甥打燈籠 —— 照舅（舊）

下雨天出太陽 —— 假晴（情）

和尚打傘 —— 無髮（法）無天

老虎拉車 —— 誰趕（敢）？

2.語義雙關

語義雙關是利用語義條件而有意使語句同時兼有表面和內裏兩種意思，言在此而意在彼的一種雙關。如：

（5）母親和宏兒都睡覺了。我躺著，聽船底潺潺的水聲，知道我在走我的路。

（6）覺慧：（安慰地）睡吧，不要再來了。

　　鳴鳳：（冤痛）不來了，這次走了，真走了。

（7）可是匪徒們走上幾十裏的大山背，他們沒想到包馬蹄的麻袋片全爛掉在馬路上，露出了他們的馬腳。

此外，用一句話來關涉兩個對象，即我們平常所說的"指桑罵槐"，這也屬於語義雙關。也有人將此稱爲"對象雙關"。如：

（8）寶釵因笑道："你正經去吧。吃不吃，陪著林妹妹走一趟，他心裏正不自在呢。何苦來？"寶玉道："理他呢，過一會子就好了。"……寶玉進來只見地下一個丫頭吹熨斗，炕上兩個丫頭打粉線，黛玉彎著腰拿剪子裁什麼呢。寶玉走進來，笑道："哦！這是做什麼呢？才吃了飯就這麼控著頭，一會子又頭痛了。"黛玉並不理，只管裁他的。有一個丫頭說道："那塊綢子角兒還不好呢，要熨熨吧。"黛玉便把剪子一擺，說道："理他呢，過一會子就好了。"

這裏林黛玉借用了賈寶玉前面說過的話，表面上說的是綢子，實際上是借此回敬奚落賈寶玉。

漢語中的歇後語也有一部分是利用語義雙關來構成的。如：

豬八戒照鏡子 ── 裏外不是人

飛機的尾巴 ── 翹得高

吃了魚鉤的牛去打架 ── 勾心鬥角

老鼠鑽風箱 ── 兩頭受氣

現代的一些廣告語言中也常利用語義雙關，表面上似乎在關心受眾，實際上卻是在做廣告。如：

（9）您的健康是天大的事情。（天大藥業廣告語）

（10）做女人挺好。（某隆胸藥品廣告語）

（11）產後的媽媽挺不容易的。（某健美器材廣告語）

（12）女人都愛美麗。（美麗牌化妝品廣告語）

（13）只要有了信念，您的成功是早晚的事情。（信念牌電子詞典廣告語）

（14）在品質、價格相同的前提下，相信您一定會選擇美的空調。（美的空調廣告語）

（七）通　感

通感又叫移覺，指的是在描寫客觀事物時，把一個感官的感受移到另一個感官上，使不同感官之間的感受相通的一種辭格。

我們來看下面的例子：

（1）我在朦朧中，又隱約聽到遠處的爆竹聲連綿不斷，似乎合成一天音響的濃雲。

例中將"爆竹聲"說成是"一天音響的濃雲"，是將聽覺上的感受轉移到了視覺感受上。

通感可以根據相互轉移的感官的差異分爲以下幾大類：

1.聽覺和視覺間的相互轉移。如：

（2）忽然間，他們又用統一的音調唱起雄壯的歌曲來了，他們的爽朗的笑聲，落到水上，使得河水也似在笑。

（3）塘中的月色並不均勻，但光與影有著和諧的旋律，如梵婀玲上奏著的名曲。

（4）而詩意又是變化無窮的。突然是深灰色石岩從高空直垂而下浸入江心，令人想到一個巨大的驚嘆號；突然是綠茸茸草阪，像一支充滿幽情的樂曲。

例（2）是把聽覺上的“笑聲”轉移爲視覺上的“落到水上”的能夠看得見的有形的東西。例（3）是把視覺上的“光與影”轉移爲聽覺上的“和諧的旋律”。例（4）是把視覺上的“綠茸茸的草阪”轉移爲聽覺上的“一支充滿幽情的樂曲”。

2.聽覺和嗅覺、味覺間的相互轉移。如：

（5）蘇小姐的笑聲膩得使鴻漸心裏抽痛：“你就這樣怕做傻子麼？”

（6）微風過處，送來縷縷清香，仿佛遠處高樓上渺茫的歌聲似的。

例（5）是把聽覺上的“笑聲”轉移爲味覺上的“膩”。例（6）是把嗅覺上的“縷縷清香”轉移爲聽覺上的“渺茫的歌聲”。

3.視覺和嗅覺間的相互轉移。如：

（7）我的情人啊，你的微笑像新奇的花卉的芳香，是單純而又費解。

例（7）是把視覺上的“微笑”轉移爲嗅覺上的“花卉的芳香”。

4.視覺和觸覺間的相互轉移。如

（8）她滑滑的明亮著，像塗了“明油”一般，有雞蛋清那
　　樣軟，那樣嫩。

（9）山色逐漸變得柔嫩，山形也逐漸變得柔和，很有一伸
　　手就可以觸摸到凝脂似的感覺。

例（8）中“綠”本來是視覺上的，說她“有雞蛋清那樣軟，
那樣嫩”，就好像她可以被觸摸到的一樣；例（9）中“山色”、
“山形”都是視覺上的，而“柔嫩”“柔和”則是觸覺上的，再
加上“凝脂似的感覺”，就好像真的摸到了一樣，把視覺轉移爲
了觸覺。

通感由於常借助於比喻、比擬、誇張等其他辭格來實施，所
以國內有些學者並不認同它是一種辭格。但確實也存在並不借助
任何辭格而形成的通感，所以，我們這裏還是將它列爲辭格來討
論。

當然，並非在一段文字中有各種感官的描寫就屬於通感了，
我們來看下面這一段文字：

（10）每天潮來的時候，聽見海浪衝擊岩石的音響，看見
　　空際細雨似的，朝霧似的，暮煙似的飛沫升落；有
　　時它帶著腥氣，帶著鹹味，一直沖進我們的窗櫺，
　　黏在我們的身上，潤濕著房中的一切。（魯彥《聽潮
　　的故事》）

這裏作者描寫了大海來潮時的感受。寥寥數語就把視、聽、
嗅、味、觸覺上的感受都描寫出來了。但是這些感受是由不同的
感官刺激物引起的：作者的聽覺感受是由“海浪衝擊岩石的音
響”引起的；視覺感受是由“飛沫升落”引起的；嗅覺感受是由

海水散發的 "腥氣" 引起的；味覺感受是由海水含有的 "鹹味" 引起的；觸覺感受是由海水濺出的水點 "黏在我們身上" 引起的。總之，它們是各自獨立的感受，不是通感。

（八）反　語

反語也叫反話，指的是故意使用與本來意思相反的詞語或句子來表達本意的一種辭格。

我們來看下面的例子：

> （1）有幾個慈祥的老闆到菜場去收集一些菜葉，用鹽一浸，這就是包身工們難得的佳餚。

> （2）當三個女子從容地轉輾于文明人所發明的槍彈的攢射中的時候，這是怎樣的一個驚心動魄的偉大呵！中國軍人的屠戮婦嬰的偉績，八國聯軍的懲創學生的武功，不幸全被這幾縷血痕抹殺了。

例（1）中 "慈祥" 實際上是 "偽善"，"佳餚" 實際上是些豬狗不吃的食物，都是在說反話；例（2）中 "偉績" 就是 "醜行"，"武功" 就是 "罪惡"，也都是反語。

從例中我們可以看出，反語其實也有兩層意思，只是它表面上說的意思與實際要說的本意是完全相反的。

反語主要可以依據表面說的是肯定的形式還是否定的形式分為兩大類：反話正說和正話反說。

1.反話正說

用正面的肯定的話語來表達反面的否定的意思，叫反話正說。如：

> （3）女看守為了維護監獄的規矩，強迫她回到行列裏去，

朝她臉上打了一拳來 "安慰" 她,她也不覺得。

（4）智識高超而眼光遠大的先生們開導我們：生下來的倘
不是聖賢、豪傑、天才,就不要生；寫出來的倘不是
不朽之作,就不要寫；改革的事倘不是一下子就變成
極樂世界,或者,至少能給我有更多的好處,就萬萬
不要動！

例（3）中的 "安慰" 實際上是 "教訓",是用褒義的詞語表
達反面的意思；例（4）中的 "智識高超而眼光遠大的先生們" 用
的是反語,因為 "開導" 的內容全是些因循守舊、抵抗改革的陳
詞濫調,是反話正說。

2.正話反說

用反面的否定的話語來表達正面的、肯定的意思,叫正話反
說。如：

（5）哎呀,我的母夜叉,你比小鄆可愛多了。真是個賢德
夫人了呀！誰要娶小鄆那麼個 "活竊聽器",那可真
是倒了邪霉了。

（6）沒有找到自己的丈夫,幾個女人有點失望,也有些傷
心,各人在心裏罵著自己的狠心賊。

反語還可以依據表達功用分為諷刺反語和風趣反語兩類。

1.諷刺反語

用來表示諷刺和嘲弄的反語。如：

（7）只有煙槍和煙燈,雖然形式和印度、波斯、阿拉伯的
煙具都不同,確可以算是一種國粹,倘使背著周遊世
界,一定會有人看,但我想,除了送一點進博物館之
外,其餘的是大可以毀掉的了。

（8）《大不列顛百科全書》的狗照相上，就很有幾匹是咱
　　　們中國的叭兒狗。這也是一種國光。

2.風趣反語

用來形成一種輕鬆活潑的氣氛和幽默風趣的效果的反語。如：

（9）丁四：（穿得）怎樣？

　　　娘子：挺好！挺合身兒！

　　　大媽：就怕呀！一下水就得抽一大塊！

　　　丁四：大媽！您專會說吉祥話兒！

（10）這個"恢復農業發展四十條"去年以來不吃香了，
　　　現在又"復辟"了。

反語和雙關都含有兩層意思，但又有所不同。反語的兩層意思總是相反的，雙關則沒有這個限制。試比較下面兩個用例：

（11）他們對作家格外"優待"，幾乎每個作家都有個特
　　　務"保護"著。一來二去，作家就被"護送"到監獄
　　　或集中營去"享受"毒刑與殺戮。

（12）他呀，就叫"老鼠爬秤桿 —— 自己稱自己"。

例（11）"優待"、"保護"、"護送"、"享受"均為反話正說，表面說的與想要表達的意思正好相反；例（12）是雙關，表面上在說老鼠自己用秤量自己的輕重，實際上是說他自己誇自己，利用的是"稱"的多義性。

（九）婉　曲

婉曲是指不直接說出本意，而用委婉含蓄的話語把本意暗示出來的一種辭格。

我們來看下面的例子：

（1）周大勇說："反正我們人少，坐無形，走無蹤，要打
　　　就走，利索得很。可是老虎也說得對，不能蠻幹，蠻
　　　幹，鼻子和眼就得調換位置。"

上例中並不直接說丟掉性命，而說"鼻子和眼就得調換位
置"。這就是婉曲。

婉曲可以依據不直接說的方式分為兩類：婉言和曲語。

1.婉　言

為了減少語言的刺激性，不直白本意，而是用委婉含蓄的話
或語意較輕的話來表達的一種婉曲。如：

（2）要寫下去，在中國的現在，還是沒有寫處的。年青時
　　　讀向子期《思舊賦》，很怪他為什麼只有寥寥的幾行，
　　　剛開頭卻又煞了尾。然而，現在我懂得了。

（3）3 月 14 日下午兩點三刻，當代最偉大的思想家停止
　　　思想了。讓他一個人留在房裏還不到兩分鐘，等我們
　　　進去的時候，便發現他在安樂椅上安靜地睡著了，
　　　—— 但已經永遠地睡著了。

例（2）本意是說政府不給人們言論自由，好些話不能說，說
了也不敢說盡；但這裏並沒有這樣說，而用"年青時讀向子期《思
舊賦》，很怪他為什麼只有寥寥幾行，剛開頭卻又煞了尾。然而，
現在我懂得了"來表達；例（3）本意是說馬克思去世了，但是作
者沒有直接說，而用"停止思想了"和"永遠地睡著了"來表達。

2.曲　語

不直接說出本意，而用排除無關事物或描述相關事物的方法
來烘托和暗示的一種婉曲。如：

（4）女人們到底有些藕斷絲連。過了兩天，四個青年婦女

聚在水生家裏來，大家商量：

"聽說他們還在這裏沒走。我不拖尾巴，可是忘下了一件衣裳。"

"我有句要緊的話得和他說。"

"我本來不想去，可是俺婆婆非叫我再去看看他 —— 有什麼看頭啊！"

（5）新來瘦，非關病酒，不是悲秋。

（6）我握住了他的手，對望著。我覺得臉上有些癢，像蟲子在爬，接著，嘴角嘗到一絲鹹味。

　　例（4）中幾個青年婦女的共同心理都是很想念自己的丈夫，都很想到丈夫的駐地去探望一下。但是，她們很害羞，不好當眾直言，就各自找了一個藉口來表達本意，讓人聽了覺得有去的必要；例（5）強調的是離愁別恨之苦，卻不直接說，而是用排除法，說明與"病酒"和"悲秋"都無干，這樣一來作者的本意就顯示出來了；例（6）沒有直接說"流淚"，而是用淚水在臉上流淌的感受和流進嘴裏的味道來暗示。

　　婉曲同語義雙關、反語一樣似也有表裏兩層意思，但實際則有著本質區別。

　　語義雙關有表裏兩層意思，它是利用詞語或句子的多義性使它們同時關顧兩層意思，這兩層意思往往是無關的，而且重點是骨子裏的那層意思；反語就是說反話，實際要表達的意思和表面上的意思正好相反；婉曲則是用委婉含蓄的話來暗示或者說是代替要表達的本來意思，它表裏要表達的兩層意思是完全一致的。

（十）對　比

對比是指把兩種不同的事物或同一事物的兩個方面放在一起進行比較的一種辭格。

我們來看下面的例子：

(1) 我這時突然感到一種異樣的感覺，覺得他滿身灰塵的後影，剎時高大了，而且愈走愈大，須仰視才見。而且他對於我，漸漸的幾乎變成一種威壓，甚而至於要榨出皮袍下面藏著的 "小" 來。

這裏把 "車夫" 和 "我" 拿來比較。"車夫" 是 "剎時高大了，而且愈走愈大，須仰視才見"，而 "我" 呢，感到 "甚而至於要榨出皮袍下面藏著的小來"。從這個例子我們也可以看出，對比主要強調的是 "內容" 上的對立，即意義上的相反或相對。對比的使用，有利於突出不同事物之間的矛盾，揭示出同一事物正反不同的兩個側面，突出其本質特徵。

對比可以根據進行比較的雙方的關係分爲兩體對比和一體兩面對比兩大類。

1.兩體對比

把兩種根本對立的事物放在一起進行比較的一種對比。如：

(2) 有缺點的戰士終究是戰士，完美的蒼蠅也終究不過是蒼蠅。

(3) 有的人活著，他已經死了；有的人死了，他還活著。

(4) 文學陪伴人類走過數千年，消沉時給我慰藉，迷亂時給我清醒；獨處深山，它給我 "思接千載，視通萬里" 的想像空間；爐邊持卷，仿佛與作者單獨對語。電視是新朋友，生龍活虎，卻也難免魯莽滅裂；一大堆演職員喧嚷躁動，使我失去了好友對談的清幽；一個個迎面而來的特寫鏡頭、蒙太奇，使我失去了選擇和品味的從容。曹雪芹塑造了一個林黛玉，於是，每個人心中就有各自不同的林黛玉 —— 這是文學。導演選擇了一個林黛玉，於是，大家只有擁有一個共同的林黛玉 —— 這是電視。

2.一體兩面對比

把同一事物的兩個不同的方面進行比較的一種對比。如：

（5）這種人，在上級領導面前點頭哈腰，活像一條哈巴狗；而在平民百姓跟前則換了一副面孔，兇神惡煞，活像一個惡太歲。

（6）我們的戰士，對敵人這樣狠，而對朝鮮人民卻是那樣地愛，充滿國際主義的深厚熱情。

（7）他們是羊，同時也是凶獸；但遇見比他更凶的凶獸時便現羊樣，遇見比他更弱的羊時便現凶獸樣。

（十一）對　偶

對偶是指用兩個結構相同或相似、字數相等的語句來表達相關的意義內容的一種辭格。

對偶的特徵有二：一是形式上的要求，即字數相等，結構相同或相似。二是內容上的要求，即兩個語句在內容上必須有關聯。如：

（1）橫眉冷對千夫指，俯首甘為孺子牛。

上例從形式上看，字數相等，結構也相同；從內容上看，兩者所表述的都是對人群的態度，不過態度正好相反：一是壞得不能再壞，一是好得不能再好。

對偶可以從形式上分，也可以從內容上分。

對偶從內容上分可以分爲正對、反對和串對。

1.正 對

從兩個角度、兩個側面來說明同一事理，表示相似關係的一種對偶。如：

（2）寶劍鋒從磨礪出，梅花香自苦寒來。

（3）牆上蘆葦，頭重腳輕根底淺；山間竹筍，嘴尖皮厚腹中空。

（4）萬山叢中，抗日英雄真不少；青紗帳裏，遊擊健兒逞英豪！

例（2）用寶劍鋒利和梅花芳香的形成說明了同一個道理：任何一種成功都必須有所付出；例（3）中無論是蘆葦還是竹筍，都刻畫了一種人：只會誇誇其談，其實並沒有什麼學問或本領；例（4）從"萬山叢中"和"青紗帳裏"兩種中國典型的環境，來表明抗日軍民的無處不在。

2.反 對

把處於對立關係的兩種事物或同一事物的兩個方面放在一起，以突出事物的本質的一種對偶。如：

（5）朱門酒肉臭，路有凍死骨。

（6）對人民，你比炭火更溫暖，對敵人，你比鋼刀更鋒利。

3.串 對

即將事物的發展過程或因果等關係用字數相等、結構相似的語句敍述出來的一種對偶。串對的前後兩句是相串成對的，就像流水一樣，相承而下，不可分割，所以也叫"流水對"。如：

（7）老夫喜作黃昏頌，滿目青山夕照明。

（8）喜看稻菽千重浪，遍地英雄下夕煙。

（9）為有犧牲多壯志，敢叫日月換新天。

對偶從形式上分可以分為嚴對和寬對兩大類。

1.嚴　對

字數相等、結構相同的一種對偶。也叫工對。如：

（10）窗含西嶺千秋雪，門泊東吳萬里船。

（11）疏影橫斜水清淺，暗香浮動月黃昏。

（12）日出江花紅勝火，春來江水綠如藍

2.寬　對

字數相等、結構相近的一種對偶，如：

（13）面壁十年圖破壁，難酬蹈海亦英雄。

（14）虎踞龍盤今勝昔，天翻地覆慨而慷。

（15）停車坐愛楓林晚，霜葉紅於二月花。

對偶與對比均是將兩種事物或一種事物的兩個方面放在一起來表達的辭格，有相似處，但更有區別。這種區別主要表現在：

1.著眼點不同。對比著眼的是意義上的反差與對立，在結構上不作具體要求。而對偶著眼的正是結構上的對稱、一致，在意義上不作具體要求。

2.功能有別。對比的作用是使客觀事物表現得更鮮明突出；對偶的作用是增強感染力。

3.對偶裏的"反對"就意義上說屬對比，就形式上說屬對偶。

（十二）映 襯

映襯也叫襯托，指的是把甲乙兩種事物放在一起，以乙事物來襯托甲事物，使甲事物更加鮮明和突出的一種辭格。

我們來看下面的例子：

（1）時候既然是深冬，漸近故鄉時，天氣又陰晦了，冷風吹進船艙中，嗚嗚的響，從縫隙向外一望，蒼黃的天底下，遠近橫著幾個蕭索的荒村，沒有一絲活氣。我的心禁不住悲涼起來了。（魯迅《故鄉》）

例中描寫了陰晦、昏暗的天氣狀況和蕭索、荒涼的環境狀況，爲的是襯托作品中"我"的"悲涼"的心情。

從映襯的構成來看，它包括兩個部分，一個是被襯托的對象，叫主體；另一個是用來襯托的事物，叫襯體。主體和襯體有主次之分，襯體是爲主體服務的。恰當使用映襯，可以使主次分明，更鮮明地突出要表達的事物。

映襯可以根據主體與襯體的關係分爲兩大類：正襯和反襯。

1.正 襯

襯體跟主體是同性質、同類型的事物，襯體從側面襯托主體的一種映襯。如：

（2）俗話說：人逢喜事精神爽。偏巧，這天風和日暖，一路上山溪婉轉，鳥語花香。蓮子雖然沒坐上花轎，心裏依然是喜氣洋洋。

（3）往日，這裏一片蔥綠，鳥兒歌唱，今天卻只見遍地落葉，滿目淒涼。我扶著一顆參天大樹哭了起來，就象在周總理身邊一樣；我多麼想用眼淚把他哭醒啊！

例（2）中的“風和日暖”、“山溪婉轉”、“鳥語花香”等都是從旁襯托蓮子“心裏依然是喜氣洋洋”的；例（3）用“遍地落葉”、“滿目淒涼”的自然景象來襯托人民群眾失去周恩來總理後無比悲痛的心情。例（2）、（3）都是正襯。

2.反　襯

襯體和主體是不同性質、不同類型的事物，襯體從反面來襯托主體的一種映襯。如：

> （4）我在朦朧中，又隱約聽到遠處的爆竹聲連綿不斷，似乎合成一天音響的濃雲，夾著團團飛舞的雪花，擁抱了全市鎮。我在這繁響的擁抱中，也懶散而且舒適，從白天以至初夜的疑慮，全被祝福的空氣一掃而空了，只覺得天地聖眾歆享了牲醴和香煙，都醉醺醺的在空中蹣跚，預備給魯鎮的人們以無限的幸福。

> （5）楊嗣信艱難地翻了個身，轉臉眺望房外。夜空烏雲密佈，看不見一顆星星。可他那顆跳躍的心卻是明亮的。

例（4）大肆渲染了魯鎮除夕熱鬧的氣氛和聲響，為的是反襯出祥林嫂的悲慘命運；例（5）用自然環境的惡劣，反襯出人物內心世界一片光明。這都是反襯。

有的時候，映襯與對比是頗難分辨的，但細細觀察，兩者還是有不同之處的：對比，甲乙兩事物沒有主次之分，兩者通過對比，相得益彰，更加鮮明突出；而映襯就不一樣了，甲乙兩事物是有主次之分的，以乙襯甲，甲是主體，乙為襯體，通過映襯，使主體更加鮮明突出。試比較下面兩個例子：

> （6）這一年，重慶的霧，似乎一天比一天濃重，老百姓的日子也一天比一天難過：這日本飛機的轟炸何時是個

了啊！

（7）凡走狗，雖或為一個資本家所養，其實是屬於所有資本家的，所以它遇見所有的闊人都馴良，遇見所有的窮人都狂吠。

例（6）主要說的是在日本鬼子轟炸重慶之後老百姓的艱難生活，而重慶的一天比一天濃重的霧只是起襯托作用，並非作者所要表示的主要意思，這是映襯；例（7）把“走狗”對待不同人群的的截然相反的兩種態度放在一起加以比較，“走狗”的這兩種態度沒有主次之分，兩者都是作者要重點刻畫的，因此是對比。

（十三）排　比

排比是指把三個或三個以上的結構相似、意義相關、語氣一致的語句或段落排列在一起所形成的一種辭格。

其中“三個或三個以上的語句或段落”、“結構相似”云云，是排比辭格在形式方面的限定；“意義相關”、“語氣一致”云云，是排比在內容方面的要求。如：

（1）我們自古以來，就有埋頭苦幹的人，有拼命硬幹的人，有為民請命的人，有捨身求法的人。

例（1）中圍繞“有自信力的人”這一內容，用“有……的人”這一相同的結構，將四個短語排列在一起，形成排比。

排比可以依據排列的是什麼語言單位而分為以下三類：

1.短語排比

把三個或三個以上的結構相似、意義相關、語氣一致的短語排列在一起所形成的一種排比。如：

（2）他來到北海岸邊，細心觀察，哪天桃花開了，哪天柳絮飛了，哪天布穀鳥叫了。

(3) 深夜，他一個人坐在房子裏，聚精會神地批閱電報，研究文件，察看地圖。

(4) 十一屆三中全會以來的新的政策，新的生活，新的現實，正在產生著新的理想，新的夢。

例(2)是幾個作賓語的主謂短語的排比；例(3)是幾個作狀語中心語的動賓短語的排比；例(4)是幾個作主語的偏正短語的排比。

2.句子排比

把三個或三個以上的結構相似、意義相關、語氣一致的句子排列在一起所形成的一種排比。如：

(5) 那影片純粹是用聲音繪製的，聲音繪製色彩，聲音繪製形象，聲音繪製感情。

(6) 在那戰亂的年月，是誰在用自己有限的熱溫暖著這群孩子的被凍僵的心？是誰在用自己胸中那一腔熱血在澆灌這群小生命茁壯成長？是誰把這群掙扎在死亡線上的孩子，團結得鋼鐵一樣的堅強？

(7) 這裏叫洋八股廢止，有些同志卻實際上還在提倡。這裏叫空洞抽象的調頭少唱，有些同志卻硬要多唱。這裏叫教條主義休息，有些同志卻叫它起床。

例(5)是複句中幾個分句的排比；例(6)是幾個單句的排比；例(7)則是幾個複句的排比。

3.段落排比

把三個或三個以上的結構相似、意義相關、語氣一致的段落排列在一起所形成的一種排比。如：

（8）春天像剛落地的娃娃，從頭到腳都是新的，它生長著。
春天像小姑娘，花枝招展的，笑著走著。春天像健壯
的青年，有鐵一般的胳膊和腰腳，領著我們上前去。

例（8）中一個比喻構成一個段落，一共是三個段落，是個段
落排比。

（十四）層　遞

層遞是指把三個或三個以上的結構相似、意義相關、語氣一
致的語句按照某種順序排列在一起所形成的一種辭格。

我們來看下面的例子：

（1）我愛我的國家，愛我的石頭城，愛我的家。

例（1）中的愛祖國、愛家鄉、愛家庭是按照範圍從大到小的
順序排列的，是層遞辭格。

從上例可以看出，層遞的特點表現在：

在形式上，層遞必須由三個或三個以上的語言單位構成，這
些語言單位結構相似，字數相近；在內容上，層遞所排列的三個
或三個以上的語言單位在意義上是有一定層次的，往一個方向依
序排列，或依次遞升，或依次遞降。

層遞可以依據依次排列順序的差異分為遞升和遞降兩大類。

1.遞　升

把三個或三個以上的結構相似、意義相關、語氣一致的語句
按照逐步上升或加強的順序排列在一起所形成的一種層遞。如：

（2）他的意思，隨隨便便雕一個石像不如不雕，要雕就得
把這位英雄活活地雕出來，讓看見石像的人認識這位
英雄，瞭解這位英雄，因而更崇敬這位英雄。

(3)時間一天一天的過去，一月一月的過去，一年一年的
過去，真理老人所撒的種子，也一天一天的生長，一
月一月的開花，一年一年的結果。一粒種子變成一百
粒、萬粒、千萬粒……

例（2）是按照"認識"、"瞭解"、"崇敬"的認知發展的
順序遞升排列。例（3）中一共運用了 3 個層遞辭格：其中的"一
天一天"、"一月一月"、"一年一年"是按照時段由短到長的
順序來排列的；而"一天一天的生長"、"一月一月的開花"、
"一年一年的結果"則除了體現時段的遞增之外，還反映了種子
的生長發育成熟的過程；至於"一百粒"、"萬粒"、"千萬粒"
則是按照數量由少到多不斷增加的順序來遞升的。

2.遞　降

把三個或三個以上的結構相似、意義相關、語氣一致的語句
按照逐步下降或減弱的順序排列在一起所形成的一種層遞。如：

(4)從那以後，李發和只有自甘墮落，連報仇的火辣勁兒
也沒有了，要不是碰上八路軍、共產黨，這輩子也就
算完蛋了。可是當戰士兩年多，沒有什麼貢獻，想起
來真對不起革命，對不起上級，也對不起自己。

(5)他一直是魂思夢想著打飛機，眼前飛過一隻雁，一隻
麻雀，一隻蝴蝶，一隻蜻蜓，他都要拿槍瞄瞄。

例（4）"革命"、"上級"、"自己"是按照對象的重要性
由大到小來依次排列的；例（5）中的"一隻雁"、"一隻麻雀"、
"一隻蝴蝶"、"一隻蜻蜓"是按照動物體格的由大到小次序來
排列的。該 2 例都是遞降。

層遞和前面討論的排比均是把三個或三個以上的結構相似、

意義相關、語氣一致的語句排列在一起所形成的一種辭格，很容易相混。兩者的區別體現在：

1.層遞重在強調表達的"內容"，強調內容的某種順序；排比則重在強調表達的"形式"，即語言單位結構的相同或相似，強調這些結構相同或相似的語言單位形式上的排列。

2.層遞在結構上不強調相同或相似，往往不用相同的詞語；排比在結構上必須相同或相似，往往要用相同的詞語。

（十五）反　復

反復是指爲了突出某個意思、強調某種感情而有意識地重複某個詞語或句子的一種辭格。

我們來看下面的例子：

（1）沉默呵，沉默呵！不在沉默中爆發，就在沉默中滅亡。

這裏重複使用了"沉默"一詞，強烈地表達了作者對"沉默"這種懦弱形態的強烈不滿。

從例中我們也可以看到，一個反復，包括本體和複體兩部分，被重複的部分叫本體，重複的部分叫複體，本體只有一個，複體可以有兩個或更多，但在形式和內容上跟本體是一致的，否則就不是反復。

反復可以依據複體與本體的間距分爲連續反復和間隔反復兩大類。

1.連續反復

相同的詞語或句子接連不斷出現，中間沒有其他詞語隔開的一種反復。如：

（2）主席也舉起手來，舉起他那頂深灰色的盔式帽；……

　　　　一點一點的，一點一點的，舉起來，舉起來。

（3）進攻啊進攻，阻擊啊阻擊，潰散啊潰散，勝利啊勝利，
　　　這支赴緬遠征軍圓滿完成預定任務,回到祖國境內的
　　　時候，人數不到出發時的十分之一。

2.間隔反復

　　相同的詞語或句子間隔出現的一種反復。一般來說，間隔越長，抒發的感情越舒緩纏綿。如：

（4）因為你，我可以增加生命的勇氣和意義；因為你，我
　　　可以為世界所擯棄而不感到悽惶；因為你，我可以忍
　　　受人們的冷眼。

（5）始終微笑的和藹的劉和珍君確是死掉了，這是真的，
　　　有她自己的屍骸為證；沉勇而友愛的楊德群君也死掉
　　　了，有她自己的屍骸為證；只有一樣沉勇而友愛的張
　　　靜淑君還在醫院裏呻吟。

（6）敵人把你的城鎮變成了廢墟，你沒有哭；敵人把你的
　　　家園燒成了灰，你沒有哭；敵人殺死了你的親人，你
　　　沒有哭；敵人把你綁在大樹上，燒你，烤你，你沒有
　　　哭。

　　例（4）是著名女作家黃廬隱給她的戀人李唯建信中的話,介賓短語“因為你”的間隔反復，突出強調了“你”，表達了黃廬隱對戀人摯烈的愛；例（5）通過“有她自己的屍骸為證”的間隔反復，表達了作者無比的悲憤之情。例（6）的５個“你沒有哭”，反映了作為軍人的“你”的錚錚硬骨以及作者對“你”的由衷的讚美。

　　反復與排比經常一起運用，以致於常常你中有我，我中有你。

但二者的區別也是恨明顯的：

1.結構上存在差異。排比是三項或更多項的平行排列，而反復只要求兩項的重複排列便可。

2.排比所排列的幾項中可以有相同的詞語，但這幾個排比項肯定不一樣；而反復所排列的幾項肯定完全一樣。

3.功能不同。反復的運用主要是爲了強調，而排比的運用則主要是爲了增強語言的氣勢。

（十六）拈 連

拈連指的是利用上下文的聯繫，把用於甲事物的詞語順勢移用到乙事物上的一種辭格。

我們來看下面的例子：

> （1）這些"趕海者"啊！他們趕來了滿街噴香誘人的海
> 鮮，他們也趕來了滿街的人潮湧動和那到處飄蕩的歡
> 樂的笑聲。

從例（1）我們可以看到拈連的特點：

拈連有拈連詞、前項、後項三要素構成。拈連詞在前後項中都出現；拈連詞在前項用的是直義、實義，在後項用的是喻義、虛義。如上例中"趕"就是拈連詞，"趕來了滿街噴香誘人的海鮮"是前項，"趕來了滿街的人潮湧動和那到處飄蕩的歡樂的笑聲"則是後項。"趕"在前項是正常搭配，用的是實義，在後項是異常搭配，用的是虛義。

拈連可以依據前項的有無分爲全式拈連和略式拈連兩大類。

1.全式拈連

也叫詳式拈連，指的是前項和後項都出現的一種拈連。如：

> （2）抗聯的路，是反抗侵略的路。它的下面，連著長白山
> 　　 的泥土，連著生活在這片白山黑水間的中國人的紅
> 　　 心；它的上面，連著狂風暴雪，連著萬裏長天和一輪
> 　　 旭日。
> （3）這些紡織女工整日奔跑在紡織機之間卻不覺得累，她
> 　　 們不僅僅是在織布，她們也在織著自己的美好願望，
> 　　 織著全國人民的幸福生活。

　　例（2）中"連"是拈連詞，"連著長白山的泥土"和"連著
狂風暴雪"均是前項，"連著生活在這片白山黑水間的中國人的
紅心"和"連著萬里長天和一輪旭日"都是後項。例（3）中"她
們不僅僅是在織布"是前項，"她們也在織著自己的美好願望"
和"織著全國人民的幸福生活"是後項。

2.略式拈連

　　指的是前項不出現，只有後項的一種拈連。如：

> （4）記得幼小時，古老北京城的冬夜，守著一盞已殘的燈
> 　　 火，聽風吹老樹，雪打寒窗，從長安後門上突然傳來
> 　　 令人心醉的乞討者顫抖的哀號，那時心靈的憤激與痛
> 　　 苦，真禁不住掀起萬丈狂瀾，多想坦露自己的胸膛，
> 　　 去慰暖這"路有凍死骨"的社會。
> （5）他們不斷地去學校，上街頭，下農村，試圖通過自己
> 　　 的口舌，演講出一個沒有腐敗、不再冷漠的新世界。

　　例（4）中作者沒有說去"慰暖"那風雪之夜顫抖哀號的"乞
討者"，卻說去"慰暖"這"路有凍死骨"的社會，只有後項，
沒有前項。例（5）中作者也沒有說演講什麼具體內容，而直接說
"演講出一個沒有腐敗、不再冷漠的新世界"，也只有後項，沒

有前項。

拈連也可以依據前後項的位置分為順式拈連和倒式拈連兩大類。順式拈連不再展開了，因為前面所列舉的 5 例全是順式拈連，這裏只對倒式拈連作一下展開。

倒式拈連指的是前項和後項位置顛倒，前項出現於後，後項出現在前的一種拈連。如：

　　（6）誰說他射出的不是熱血，而是子彈！

　　（7）蜜蜂釀造的是人們的甜蜜生活，但它首先是在釀著蜜，那是它生來就會幹的活。

例（6）中“射出的是熱血”作為後項放在了前面，而“射出的是子彈”作為前項卻放在了後面。例（7）中“釀造的是人們的甜蜜生活”作為後項放在了前面，而“釀著蜜”作為前項卻放在了後面。

拈連詞一般都是動詞。但有時也可以是形容詞、名詞、代詞、數量詞等。如：

　　（8）“老書記，你人老心不老啊！”我激動地說。

　　（9）我愛秋天。我愛我們這個時代的秋天。我願這大好的秋色永駐人間。

　　（10）“如此照相”不能如此下去。

　　（11）這是梅花，有紅梅、白梅、綠梅，還有朱砂梅，一樹一樹的，每一樹梅花都是一樹詩。

例（8）中的拈連詞是形容詞，例（9）中的拈連詞是名詞，例（10）中的拈連詞是代詞，例（11）中的拈連詞是數量詞。

拈連與比擬都屬於把用於描寫甲事物的詞語用來描寫乙事物，但兩者有著本質區別：

　　拈連把用於甲事物的詞語順勢用於乙事物，甲乙兩事物之間不是靠比擬來連接的，而是靠拈連詞來連接的。而且，比擬中把描寫甲事物的詞用來描寫乙事物，甲事物是不能出現的，而拈連把甲事物的詞語順勢移用到乙事物上，甲事物可以出現的。試比較下面兩例：

　　　　（12）這個冬天總是下雨，淅淅瀝瀝的，到處都濕漉漉，
　　　　　　　這又濕又冷的冬天似乎把什麼都凍住了，連愛情都
　　　　　　　凍住了。

　　　　（13）這時，春風送來沁鼻的花香，滿天的星星都在眨眼
　　　　　　　歡笑，仿佛對張老師那美好的想法給予肯定和鼓勵。

　　例（12）是拈連，例（13）是比擬，兩者的差異還是很明顯的。

　　雙關讓一個詞語關涉表裏兩層意思，拈連也讓拈連詞忽表實義忽表虛義，兩者似有相近處。但實際上區別還是很明顯的，主要表現在：

　　1.結構不同。雙關是一個語句同時兼顧兩種意思，只有一項，而拈連則有一個順勢移用的過程，一般多為兩項及兩項以上。

　　2.表義有別。雙關所關涉的兩個意義往往風馬牛不相及，而拈連詞的兩個意義則是密切相關的，只不過是一實一虛而已。

　　3.功能不同。雙關追求的是表達的含蓄曲折、意味深長；而拈連追求的是表達的生動、機智。

　　試比較下面兩個例子：

　　　　（14）你默默地吐著絲，吐著溫暖，吐著愛。在用生命織
　　　　　　　成的絲綢上，人們認識了你的價值。

　　　　（15）千錘萬鑿出深山，烈火焚燒若等閒。粉身碎骨渾不

怕，要留清白在人間。

例（14）是拈連，第一個“吐”用的是實義，第二、第三個“吐”用的是虛義，兩者是密切相關的；例（15）是雙關，“清白”既指石灰的顏色，又指人品的高潔，兩者用的都是實義，而且是不相干的。

（十七）仿　詞

仿詞指的是模仿現成的詞或短語，更換其中的某個語素或詞，從而創造出的新的詞或短語的一種辭格。

我們來看下面的例子：

> （1）“賈不假，白玉為堂金作馬。”這樣的闊人，似乎有理由管兒孫們，他們有家業要世代承襲。我獨不解那些為什麼沒有“金馬”、“白玉堂”的“窄”人們，也嚴格地學著闊人們的樣兒，去管兒女的婚事。

例（1）中比照上文的“闊人”，仿造了一個“窄人”，既然“闊人”指有錢有勢的人，那麼“窄人”則指貧民百姓。

從上述例子可以管窺仿詞這種辭格的基本特徵：仿詞包括“本體”（被模仿者）和“仿體”（模仿者）兩部分，仿體不是語言中現成的詞語，它是臨時仿造出來的，離開了上下文的語言環境就成了生造詞語，如例（1）中的“窄人”。

仿詞可以依據被更換的語素或詞與更換的語素與詞的不同聯繫分為兩大類：音仿和義仿。

1.音　仿

模仿現成的詞語，用與其中的某個語素或詞音同或音近的語素或詞來仿造新詞語的一種仿詞。如：

（2）五兒急的便道："那原是寶二爺屋裏的芳官給我的。"林之孝家的便說："不管你'芳官'、'圓官'！現有了贓證！我只是報了，憑你主子前辯去！"

（3）悟空屬聲高呼道："你這個老兒全沒眼色！唐人是我師父，我是他徒弟！我也不是糖人、蜜人，我是齊天大聖……"

例（2）先把"芳"諧音爲"方圓"的"方"，然後用與"方"相關的"圓"臨時造了一個"圓官"；例（3）先把"唐朝"的"唐"諧音爲"蜜糖"的"糖"，然後用與"糖"相關的"蜜"臨時造了一個"蜜人"。

2.義　仿

模仿現成的詞語，用與其中的某個語素或詞有著反義或類義關係的語素或詞來仿造新詞語的一種仿詞。

義仿又可分爲反義義仿和類義義仿兩種情形。如：

（4）甲：聽了這些話，我思潮起伏，我跟我爸爸非常像又非常不像，非常像的是"外貌"，非常不像的是"內貌"。

乙：什麼是內貌呀？

甲：內貌就是思想，思想就是內貌。

（5）故事編不出來，慌話也說不出來，就算有"對策"，現在也變成"錯策"了！

（6）所以當天從大伯父家吃晚飯回來，他醉眼迷離，翻了三五本歷史教科書，湊滿一千多字的講稿，插穿了兩個笑話。這種預備並不費心血，身血倒賠了些，因為蚊子多。

例（4）和例（5）是反義義仿：例（4）是比照"外貌"仿造出"內貌"，例（5）比照"對策"仿造出"錯策"。例（6）是類義義仿，比照"心血"仿造出"身血"，心、身是類義詞。

有時候，仿詞中的本體可以不出現，只出現仿體，但這是有前提的：或者是本體並不冷僻，一般聽讀者都能理解；或者是上下文做了很好的鋪墊，聽讀者稍動一下腦筋就能推知其所仿的本體。如：

（7）對嘛，文化革命就是改造人的大革命。那幾年，我不就被改造成家庭婦男了嗎？

"家庭婦女"是大家都非常熟悉的詞語，所以作者在這裏不用說出來，而是直接用了仿造的詞語"家庭婦男"。這屬於反義義仿。

仿詞的本體和仿體大多是一對一的關係，但也存在有一對多的情況。例如：

（8）先是"待業"，現在呢，是"待婚"，不，是"待戀"。

例（8）中模仿"待業"，仿造出了"待婚"和"待戀"，本體只有一個，仿體倒有兩個。

仿詞和拈連均由兩項或兩項以上語言單位構成，所以也會帶來識別上的幹擾。實際上兩者的區別還是很明顯的：

1.仿詞是詞語的仿造，本體與仿體猶如孿生兄弟，標誌很明顯；拈連是同一個詞語用在前後多項語言單位中，只是在意義上有實虛之別。

2.仿詞中仿造出來的新詞語不是語言中現成的詞語，離開特定的上下文，它就成了生造詞語，往往給人一種陌生感；而拈連中的拈連詞是語言中現成的詞語，只不過在用於後項時臨時改變了它的意義。

　　試比較下面兩個例子：

　　　（9）下酒的不是什麼山珍海味，卻是兩個民族最深厚的生
　　　　　　死交情，是兩個民族共同贏得的巨大勝利。

　　　（10）作詩的人，叫"詩人"，說作詩的話，叫"詩話"。
　　　　　　李有才作出來的歌，不是"詩"，明明叫做"快
　　　　　　板"，因此不能算"詩人"，只能算"板人"。這
　　　　　　本小書既然是說他做快板的話，所以叫做《李有才
　　　　　　板話》。

　　例（9）中"下酒"的可以是"山珍海味"，但是作者順著這個思路把用來"下酒"的說成是"兩個民族最深厚的生死交情"，是"兩個民族共同贏得的巨大勝利"，所以這裏用的是拈連辭格。例（10）中模仿"詩人"、"詩話"臨時仿造出了兩個新詞"板人"、"板話"，這兩個新詞不是語言中現成的詞，很陌生，離開這個語境，不借助"詩人"、"詩話"的引導，我們就不知所云了。

（十八）頂　眞

　　頂真也叫"聯珠"，指的是用上文結尾的詞語或句子作下文的開頭，使上下文頭尾蟬聯，上遞下接的一種辭格。

　　我們來看下面的例子：

　　　（1）我站在橋上看風景，看風景的人在樓上看我。

　　　（2）竹葉燒了，還有竹枝；竹枝斷了，還有竹鞭；竹鞭砍
　　　　　　了，還有深埋地下的竹根。

例（1）、（2）均爲頂真。

頂真可以依據上遞下接的語言單位的差異分爲詞的頂真、短語的頂真和句子的頂真三類。

1.詞的頂真

指的是用上句結尾的詞作下句的開頭，使前後句子頭尾蟬聯，上遞下接的一種頂真。如：

> （3）最初的名譽不是個人所能爭取的，這是人們在黑暗中猛然聽到一種強健聲音之後的安靜，安靜之後的搜尋，搜尋之後的仰望，仰望之後的追隨，追隨之後的效仿，效仿之後的傳遞。

> （4）這是我們江南的一個小村子，大龍溪很美，村子靠著山，山腳下有個大龍潭，龍潭的水流到村前成了小溪，溪水碧清碧清的。

2.短語頂真

指的是用上句結尾的短語作下句的開頭，使前後句子頭尾蟬聯，上遞下接的一種頂真。如：

> （5）我們要造成民主風氣，要改變文藝界的作風，首先要改變幹部作風；改變幹部作風首先要改變領導幹部的作風，改變領導幹部的作風首先是從我們幾個人改起。

> （6）沒有節調，沒有韻，它唱不來；唱不來就記不住；記不住就不能在人們的腦子裏將舊詩擠出，占了它的地位。

3.句子頂真

指的是用上文的結束句作下文的起始句，使上下文頭尾蟬聯，上遞下接的一種頂真。如：

> （7）咱們做的事越多，老百姓就來的越多；老百姓來的越
> 多，咱們的力量就越大；咱們的力量越大，往後的事
> 也就越多！

> （8）大後方越穩定，大家越有信心；大家越有信心，抗戰
> 越能堅持；抗戰越能堅持，日軍主力越能被拖住；日
> 軍主力越能被拖住，美軍的登錄作戰就越容易成功。

（十九）回　環

回環指的是把前後詞語或句子組織成穿梭一樣地循環往復的
形式以表達不同事物間的有機聯繫的一種辭格。

我們來看下面的例子：

> （1）要而言之，就因為先前可以不動筆，現在卻只好來動
> 筆，仍如舊日的無聊的文人，文人的無聊一模一樣。

> （2）長相知，才能不相疑；不相疑，才能長相知。

從上述例中，我們可以看到回環的特點還是很明顯的：回環
著眼的是形式上的巧妙安排，用上句的末尾作下句的開頭，又用
下句的末尾作上句的開頭，也就是說，顛倒上句的首尾變成下句，
顛倒下句的首尾變成上句，如此往復循環。如例（1）中就是用下
句的末尾詞“無聊”作上句的開頭，而上句的末尾詞“文人”又
是下句的開頭；例（2）中則是用下句的末尾短語“長相知”作上
句的開頭，而上句的末尾短語“不相疑”又是下句的開頭。

回環可以依據穿梭往返的語言單位的差異分為三類：詞的回
環、短語回環和句子回環。

1.詞的回環

指的是把詞組織成穿梭一樣地循環往復的形式以表達不同事物間的有機聯繫的一種回環。如：

（3）成人不自在，自在不成人。

（4）信言不美，美言不信。

（5）中國需要更加瞭解世界，世界需要更加瞭解中國。

2.短語回環

指的是把短語組織成穿梭一樣地循環往復的形式以表達不同事物間的有機聯系的一種回環。如：

（6）黃土高原所以能夠支撐到今天，一個得天獨厚的條件是由於有二三百米厚的黃土層。但問題也很嚴重。它不僅染黃了一條河（黃河），染黃了一片海（黃海），而且陷入了兩個惡性循環：一個是黃河中游的"越墾越窮，越窮越墾"，一個是黃河下游千里大堤的"越險越加，越加越險"。

（7）愛人民的總理人民愛，人民愛的總理愛人民。

3.句子回環

指的是把句子組織成穿梭一樣地循環往復的形式以表達不同事物間的有機系的一種回環。如：

（8）近來呀，我越幫忙，她越跟我好，她越跟我好，我越幫忙，這不就越來越對勁兒了嗎？

回環與頂真在形式上頗為相似，以致於不少人會把兩者混淆起來。實際上，兩者的差異還是可以找到的：

1.結構不同。頂真在結構上一環扣一環，向前推進，而回環在結構上則是循環往復的。回環只能有兩項，頂真可以兩項，也可以兩項以上。

2.回環在組合上比頂真要求更高，所有的回環其實從首尾蟬聯來看都是頂真，但頂真除了首尾蟬聯別無他求，而回環還要求前後詞語或句子循環往復。

3.功能不同。頂真的運用主要是爲了條理清晰，說理嚴密。而回環的運用則主要是爲了使語意精闢警策，富於哲理。

有時候，究竟歸爲回環還是頂真還眞說不好。我們來看下面的例子：

> （9）但是失掉建制的敵人，官抓不住兵，兵抓不著官，亂
> 　　　成一窩蜂。
> （10）有人說詩是無形的畫，畫是有形的詩。
> （11）理性認識依賴於感性認識，感性認識也有待於上升
> 　　　到理性認識，這就是辨證唯物主義的認識論。
> （12）重重青山抱綠水，彎彎綠水繞青山。青山綠水風光
> 　　　好，江山來往打漁船。

以上諸例均爲一些修辭教材講授回環辭格時所舉的典型例證。嚴格意義講，它們均屬於頂真辭格。

三、辭格的綜合運用

辭格的綜合運用主要有三種情況：連用、兼用和套用。

1.辭格的連用

辭格的連用是指同類辭格或異類辭格在一段文字中的接連使用。如：

> （1）太陽還不能從雲裏掙扎出來，空氣也感到疲乏。
> （2）沉默。監房突然像沉入無底的黑暗之中，就是落下一

根針也仿佛可以聽見。

例（1）是兩個比擬辭格的連用；例（2）是一個比喻辭格同一個誇張辭格的連用。

2.辭格的兼用

辭格的兼用是指一種語言表達形式兼有多種辭格。如：

（3）勤奮是點燃智慧的火花，懶惰是埋葬天才的墳墓。

（4）舉著紅燈的遊行隊伍河一樣流到街上。

例（3）是對偶和對比兼用；例（4）是比喻和誇張的兼用。

3.辭格的套用

辭格的套用是指一種辭格裏又包含著其他辭格，形成大套小的包容關係。如：

（5）這種感情像紅松那樣，根深蒂固，狂風吹不動，暴雨浸不敗，千秋萬載永不凋謝。

首先，全句是個比喻；比喻的喻解（相似點）部分的“狂風……凋謝”又是誇張，其中的“狂風……不敗”又是對偶，因此，全句比喻中套用了誇張、對偶。

第六章　語　體（上）

一、語體的含義

語體是什麼？語體同文體是一回事嗎？這就是本小節所要解決的問題。

國內關於"語體是什麼"問題的表述頗不一致，比較通行的說法是：語體是為了適應不同的交際需要而形成的言語體式。

這裏有兩個關鍵點是我們必須要把握的：

（一）語體是應不同的交際需要而產生的。所謂不同的交際需要，主要包括：（1）不同的交際領域，如：政治領域、文藝創作領域、科學技術領域、日常生活領域等等；（2）不同的交際對象，如：知識份子和非知識份子，人民大眾和敵對勢力，成年人群和青少年群體等等；（3）不同的交際目的，如：或為了闡述自己的發明或發現，或為了抒發自己的情感和感悟，或為了融洽與他人的關係，或為了鼓動人們一起參與某種活動等等。不同的交際方式，如：口頭交際的方式，書面交際的方式等。

（二）語體是一種言語體式。所謂言語體式，指的是在語言表述形式上所體現出來的一系列基本體貌特徵，這些體貌特徵涉及：（1）語音形式層面，（2）詞彙形式層面，（3）語法形式層面，（4）句子形式層面，（5）氛圍格調層面，等等。

這就是語體。

不同語體之間的差異是比較明顯的。我們來看下面兩段文字，體會一下不同語體在表述同一個對象時的差異：

A 語段：

> 細菌有三種主要的形態：球形（球菌）、杆形（桿菌）及螺旋形（螺旋菌）。但在這三類之間，還有許多不顯著的過渡形態。
>
> 細菌的體積雖然如此之小，但各類細菌間，其體積的差別很大。最小的桿菌，長約 0.5 微米（u），寬約 0.2 釐米；一般桿菌的體積為 2x0.5 微米。細菌的體積隨種類各有不同，它們受著環境的影響有時也會發生變化，即所謂階段的變化。（李揚漢《植物學》）

B 語段：

> 自柯赫先生引用了染色法以來，於是細菌也施紫塗朱，抹黃穿藍，盛裝豔服起來，顯得格外分明鮮秀。
>
> 後來的細菌學家，相繼加以改進；格蘭先生發明了陰陽染色法，齊兒、尼爾森二先生發明了耐酸染色法。於是細菌經過洗染之後，不但輪廓明顯，內容清晰，而且可作種種的分類了。
>
> 就其輪廓看，細菌大約可分為六大類：一為像菊花似的"防線菌"；二為像遊絲似的"真菌或霉菌"；三為斷幹折枝似的"分支桿菌"；四為小皮球似的"球菌"；五為小棒子似的"桿菌"；六為彎腰曲背的"弧菌"；那第六類，有的多彎了幾彎，像小螺絲釘，就叫做"螺旋菌"。
>
> 這些細菌，很少孤身漂泊，都愛成雙結伴，集隊合群地到

處遊行。球菌中，有的結成葡萄兒般的一簇一簇地數十百個在一起，名為"葡萄球菌"；有的連成珠兒般的一串一串，有短有長，名為"鏈球菌"；有的拼成一對一對，名為"雙球菌"；有的整整四個做成一處，名為"四聯球菌"；有的八個疊成立方體，名為"八疊球菌"。

桿菌中，有的竹竿兒似的一節一節；有的馬鈴薯般的胖胖的身軀；有的大腹便便，身懷芽胞；有的芽胞在頭上，身像鼓錘；有的兩端腫脹，身似豆莢；有的身披一層莢膜；有的全身都是毛；有的頭上留有辮子；有的既有辮子，又有尾巴，長長短短，有大有小。

細菌都有點陰陽怪氣；有的陰盛，有的陽多；有的喜酸性，有的喜鹼性。

若用格蘭先生的燃料，點了碘酒之後，再用酒精來洗，有的就洗去了顏色，有的顏色洗不去了。洗去的叫做"陰性格蘭氏球菌"和"陰性格蘭氏桿菌"；洗不去的叫做"陽性格蘭氏球菌"和"陽性格蘭氏桿菌"。這陰陽兩類的球菌和桿菌所以區別者，皆因其化學結構及物理性質有所不同。換言之，它們生理上的作用不是一樣的呀！

（高士其《細菌與人》）

A語段屬於專門科技語體，B語段屬於通俗科技語體，也叫科普語體，兩者在詞語的選擇、句式的安排以及辭格的選用上都有著很大的不同。

語體與文體一字之差，而且兩者不是毫無聯繫，而是相反，聯繫很密切，語體的劃分與文體的類別往往存在著某種對應性，如應用文文體，包括公文、書信、廣告等，一般也是公文語體覆蓋的範圍；詩歌體、小說體、散文體、戲劇體既是不同的文體類別，也是文藝語體的下位分支。再加上英語和俄語中的“語體”與“文體”均是同一個詞，這也就難怪乎人們會將語體與文體混爲一談。但事實上，兩者存在著本質的區別。

　　文體，指的是文章的體裁，是文章的具體表現形式。文體的特徵主要表現在文章的謀篇佈局、結構安排上，雖然也表現在語言形式上，但文體對語言形式的關注是粗線條、淺層次的，語言形式在文體的鑒別中所占的參照份額是很低的。而語體，前面已經說過，是各類文章在語言表述形式上所體現出來的一系列基本體貌特徵，也就是說，語體只關注文章的語言形式，而不考慮或極少考慮文章的結構佈局，語言形式是語體的生命和全部。文體和語體的關注點、切入點有著巨大的反差。

二、語體的分類

　　關於語體的分類，國內外分歧均比較大。

　　美國有學者將語體分爲：親昵語體、隨便語體、商討語體、正式語體和冷淡語體等五種；英國有些學者則將語體分爲：低級語體、中級語體和高級語體等三種。

　　在語體的研究中，前蘇聯學者取得了驕人的成績。針對當時語體分類中存在著巨大分歧而一時間又無法統一認識這種狀況，1962 年，前蘇聯科學院俄語研究所編寫的《俄語與蘇維埃社會》一書首次將語體分成下列五種：政論語體、科學語體、公文語體、文藝語體和口語語體。當時，稱之爲“工作分類”，帶有一些官方的政治的色彩。在當時的氛圍下，這個分類被看作是一種來自上面的聲音，於是很快得到了貫徹，並迅速流行開來，成爲一種主流的意見。

1963 年，張弓先生在其《現代漢語修辭學》一書中首次將前蘇聯的工作分類應用於現代漢語語體的分類，即將語體一分為二：口語語體和書面語體，書面語體又分為：公文語體、政論語體、科學語體和文藝語體。

這便成了中國大陸直至目前依然最為通行的語體分類。目前比較有影響的幾部現代漢語教材都採用這種分類。

當然，不同意見的聲音從來就沒有停止過，但大多均失之繁冗，就是一些研究人員均不堪其繁，更遑論一般學習者，因此不可能取代"工作分類"而廣泛流行也便在情理之中。

還是前蘇聯 20 世紀 80 年代最有成就的語體學專家 M・科仁娜的意見比較審慎，她在她的那部使她名聲雀起的《俄語功能修辭學》一書中只是指出：語體的分類還值得好好地研究，究竟哪種分類更妥帖一些，需要全面地加以考慮。比如，"工作分類"中所設立的"文藝語體"在 20 世紀 80 年代就遭到了前蘇聯修辭學界一些學者的強烈批評和共同絞殺，當時一度呈一邊倒之勢的聲音是：根本就不存在什麼"文藝語體"。如前蘇聯著名的修辭學者穆拉特就提出了消滅"文藝語體"的兩條主要意見：（1）文藝作品的語言沒有共同的統一的語言特徵；（2）作品描繪環境、刻畫人物可能會動用整個標準語的各種語體成分，甚至動用方言、行話中的非標準語成分。B・列文也指出：取消"文藝語體"的關鍵在於，現代文藝作品的語言從根本上來說是多語體的。現在看來，在語體中驅除"文藝語體"是不明智的，缺乏了"文藝語體"的語體系統是不完備、不自足的。

三、國內外語體研究的概況

　　語體的研究至今仍可以說是修辭學中的一個新課題。無論是在西方還是在中國，研究語體的歷史都不算長。

　　語體的研究最早開始的是前蘇聯。前蘇聯學者對語體的研究始於二十世紀二、三十年代。當然，那個時候的語體研究是零星的、個案式的研究，是作爲一種特殊的修辭現象而引起當時的學者們的興趣的。而將語體作爲一門學問來作全面的、系統的研究，則是二十世紀五十年代的事情了。

　　1954 年，前蘇聯那份著名的《語言學問題》雜誌發動並開展了一場聲勢浩大的修辭學問題大討論 —— 這樣大規模的學術討論在 1949 年以後也被移植到了國內語言學界，而且往往伴隨著一部分學者因爲學術問題政治化而大倒其霉 —— “功能語體”成爲討論的焦點之一，當時不同的意見顯然是互不相讓，各種聲音吵成一片，直到 1962 年《俄語與蘇維埃社會》一書的推出而逐漸有所統一。爭論的聲音變小並不意味著原本相左的意見彼此相容，關於一些問題的分歧長期存在。直到 20 年後的 80 年代初，M・科仁娜（1982）還不無感慨地表示，語體的內部分類問題等實際上還遠沒有得到很好地、深入地研究。

　　較之于前蘇聯，歐美各國的語體研究則要略晚一些，五十年代末、六十年代初出現了一些研究語體的成果，但無論從深度和影響來看，均遠不如前蘇聯。有人說，語法研究在歐美，修辭研究在俄國，此話大致沒錯。這自然是歐美各國長期以來重語法、輕修辭的結果。

　　國內語言學界，中華人民共和國建國初期曾一度受前蘇聯的影響，所以關於語體的研究幾乎與歐美各國同時起步，不過五十年代末、六十年代初的所謂語體研究主要是伴隨著前蘇聯語體學成果的翻譯、紹介而起步的。1963 年出版的張弓的《現代漢語修辭學》一書中第一次將語體納入了修辭學範疇，並用了將近 1/5 的篇幅，約 5 萬多字來討論語體問題，可以看作是國內語體研究的真正開端。後來，由於眾所周知的原因，語體的研究中斷了十多年，直到 80 年代中期才重新關注語體問題。1985 年 6 月 8 日~11 日，中國華東修辭學會和復旦大學語言文學研究所在東海之濱的上海復旦大學聯合舉辦了具有歷史意義的我國首次語體學學術討論會，全國各地及港澳地區的一百多名中青年學者參加了這次會議。兩年後，這次會議的論文集、國內第一部專論語體問題的著作《語體論》問世，標誌著國內語體研究的全面復蘇和不俗的新起點。

　　然而，好景不長。熱鬧了一陣的語體研究在 90 年代以後又趨於冷寂，這主要是國內學界受歐美語言學的影響，長期以來重語法，輕修辭的結果。像北京大學自己編寫的《現代漢語》教材至今未安排"修辭"的內容，北京大學中文系現代漢語專業的那些著名學者沒有人從事現代漢語修辭研究，也沒有人開設"修辭"類課程。於中可見一斑。

　　倒是香港、澳門、臺灣、新加坡、日本等地的一些漢語學者始終對修辭、語體情有獨鐘，所以日本早稻田大學開設"中國修辭學"課程，我國第一部修辭學史是由新加坡華人學者鄭子瑜撰寫的，而非大陸學者撰寫的，等等等等，便也統統地在情理之中了。

　　現代漢語語體學的全面繁榮需要全體願意獻身漢語修辭研究

事業的華人及華人以外的學者們的共同努力。

四、現代漢語口語語體

（一）現代漢語口語語體的含義

口語是談話時所使用的語言，是人們口頭使用的主要訴諸聽覺的有聲音的語言形態，與訴諸視覺或觸覺的用文字記錄的書面語有別。

現代漢語口語是指現代漢民族共同語的口頭語言形式。它與現代漢語書面語一起成為現代漢語的兩種不同的存在形式。在現代漢語的形成及發展演變過程中，兩者相互影響，共同發展。

現代漢語口語語體是適應現代人們口頭交際的需要而形成的言語體式。現代漢語口語語體的功能，主要在於適應日常交際領域中傳遞資訊、交流思想的需要，為日常社會生活服務。它適應面最廣，使用頻率最高，只要會說話的人，都離不開它。

（二）現代漢語口語語體的基本特徵。

現代漢語口語語體是表現口語風格的語體，主要應用於日常會話和口頭表達的語言環境中，其典型代表形式是口頭語言。口語語體平易自然，清新活潑，具有濃郁的生活氣息。

現代漢語口語語體具有以下四個方面的基本特徵：

1.廣泛性

現代漢語口語語體運用十分廣泛。從運用的對象上看，只要是處於一定的社會群體中的正常人，無論男女老幼，不管貧富貴賤，也不分文化層次高低，都會運用；從表述的內容上看，天上人間，古今中外，大到宇宙蒼穹，小到基本粒子，人們想到哪里就能談到哪里，海闊天空，內容無比豐富，文學、藝術、經濟、政治等，無所不包；從選用的語言材料來看，除了生僻的文言詞語和專門的科技術語外，現代漢語的詞彙一般都能用於口語語體。

我們來看下面一個日常會話的例子：

甲：喂，怎麼今兒愁眉苦臉的？

乙：還不是為了小孩上學的事兒？

甲：怎麼啦？

乙：教育局說了，今年按地段招生。這樣小孩就進不了江高中啦。

甲：啊呀，那怎麼辦呢？哎——，聽說江高中每年都有一些機動指標的，為什麼不去運作運作呢？

乙：我的老弟呀！那是要交贊助費的呀！聽說要交好多哪，你說，我是個站櫃臺的，哪里去弄那麼多錢呢？

甲：咳，這年月，啥都要錢！

丙：據說，江高中每年也會給政府機關領導一些指標，你為什麼不去找找人呢？這樣不就可以省掉一筆贊助費了嗎？

乙：我說你是真不懂還是裝傻呀！請托找關係花的錢說不定還比贊助費多呢！

甲：還是個錢字！

乙：唉——

丙：唉——

這段談話，表面上說的是日常生活中小孩入學的瑣碎事情。但它涉及的面很廣，甚至觸及到了社會的一些敏感問題。其中，既談到了中學招生制度的問題，又提到了一些學校亂收費的現象，同時還涉及到了社會上存在的一些拉關係走後門的不正之風以及一些領導幹部權錢交易的醜惡現象等等。真是天南海北，內容駁雜。

2.及時性

這是現代漢語口語語體不同於書面語體的最鮮明特徵。主要表現在以下三個方面：

（1）同步性。同步性指的是作爲內部語言的思維和外部語言的口語幾乎同時發生，即說話人積極思維 —— 快速選詞造句 —— 口頭表述，這個過程瞬間完成，幾乎同時發生。因爲口語語體的運用是人們在現想現說的情況下進行的，“思想”必須緊緊跟上。如果思維跟不上，上句講完了，下句還沒想好，就會造成口語間斷，有時就發出如“嗯、嗯”、“這個這個”、“那麼那麼”、“讓我想想”、“以後、以後”這類“口頭禪”，這是在用多餘的無用的詞語“等待”跟不上的思維。反過來，如果思維快了，言語跟不上，就會造成“詞不達意”的現象，口語中就會出現“這個意思嘛”、“比方說，比方說”等詞語，如果在急切的情況下，還會借助手勢、體態等非語言形式。

（2）突發性。所謂突發性是指口語語體的運用至少有一方是在毫無預先準備的前提之下發生的。因爲，在日常生活中，口語的表達，並不都是預先準備好的，有很大的突發性。這個突發性，又分兩種情形：一種是雙方都沒有準備，如兩人不期而遇發生的日常會話；另一種是一方沒有準備，沒有料到會有這次講話，如突然被通知聆聽講演，偶然打開收音機聆聽廣播，不知道下面講話的內容與進展。在日常生活中，這兩種情況都很普遍。

（3）連續性。所謂連續性，是指口語表達必須一句接一句，中間不允許有很長時間的停頓，否則交流難以維繫。這與書面語的運用有很大的不同。運用書面語來寫文章，如沒有寫完可以過段時間再接著寫。而口語表達一旦發生，就要連續進行，不能說說停頓或中途"卡殼"、"愣神"。為了適應這個特點，口語表達者就要思維敏捷，反應靈活，表達迅速，即古人聽說的"長於思而敏於言"。

以上談的是口語語體及時性特點的三大表現。

3.粗略性

所謂粗略性，指的是口語語體表達的粗糙疏略性，不像書面語體那樣細緻周密，富有條理。在口語中，人們的話語表達往往是即興的，一般情況下，來不及仔細推敲，隨想隨說，所以帶有很大的隨意性。這種隨意性表現在言語層面，就會出現詞語選擇的粗糙、詞語組合的粗疏、句子構造的粗略以及句子銜接的跳脫等等現象。如口語中可以出現很多像前面說的"嗯"、"這個"、"那麼"之類的襯詞；重複的現象也比較多，特別是單音節詞，一連幾聲重複是常見的，如"好好好"、"是是是"、"對對對"等；口語中的詞序也比較靈活，按照書面語的語法規則，"我去醫院看過媽了"或者"媽我去醫院看過了"這樣的詞序排列是比較規範的，而在日常口語中，"我醫院去看過媽了"、"醫院媽我去看過了"、"醫院去看過媽了我"、"醫院去我看過媽了"、"醫院我去看過媽了"、"醫院我去看過了媽"、"我去看過媽了醫院"、"媽去醫院我看過了"等書面上被判為不合格句都會出現，有的久而久之還可能成為書面語中的新合格句；口語中的句子也比較粗略，往往依靠特定情景能省則省，用盡可能少的詞來傳遞資訊。如甲乙同到浴室門口，隔壁是家餃子店，甲對乙說：
"先餃子先洗澡？"中間沒有停頓，這種句子在書面語中難以看
到，一般得表述成："先吃餃子還是先洗澡"？或者"先吃餃子？
先洗澡？"

4.現場性

現場性是指口語交流中表達者和接收者都處於同一特定環境
之中。主要表現在以下兩個方面：

（1）接收對象的特定性

口語表達者面對的是具體特定的聽說對象，兩者是"說"與
"聽"的關係，這就要求說話要看聽眾。會話者要目中有人，講
演人要心想聽眾，而播音員更要揣摩收聽對象。懂得和利用這一
點，就能收到良好的表達效果。全國勞動模範李淑貞很善於根據
接收對象使用不同語言。《服務員語言藝術 —— 記全國勞動模範
太原市認一力餃子館服務員李淑貞》一文介紹了她的經驗：

> 知識份子進店，李淑貞這樣說："同志，你要用餐，請這
> 邊坐。來個拌雞絲或溜裏脊，清淡利口，好不好？"
>
> 工人進店，李淑貞這樣講："師傅，今個歇狂。想吃過油
> 肉，還是汆丸子？"
>
> 四五個穿大襟襖的老大娘拉扯著走進店門，她一邊上前攙
> 扶，一邊親熱地說："大娘，你們進城裏來了，趁身子骨
> 還硬梆，隔一段就下來圪轉圪轉，改善改善，你們想嘗點
> 啥？"
>
> 盲人小李摸進店門，李淑貞一看見小李就大聲招呼："小
> 李，你停一下，我來攙你。""李師傅，又給你來煩了。"
>
> "哪里話，請還請不來你呢！怎麼今天有空？""今天補

發了工資，心裏高興，腿不由己就又邁到你這裏來了。"
"來了就吃點，還是三兩餃子，一盤鹵菜，二兩酒？"
"不，李師傅，今天高興，多喝點，三兩！" "你能行？
眼神不好使，別走在街上碰著了。" "沒事，我有半斤的
酒量哩！" "嘿！這後生還對我保密哩！"（《人民日報》
1983 年 11 月 22 日第二版）

　　服務員李淑貞接待不同的顧客使用不同的言辭，既有禮貌，
又很親切。充分利用了口頭語言現場性的特點。

　　（2）場景氛圍的現實性

　　口語交流是在特定的現場氛圍中進行的。日常會話和講演
中，說話人和聽說人處於同一時空，能互相看見；而廣播也在形
象地營造傳送者和接受者雙方說話的現實情況，如熱線互動等。
這和書面表達 —— 寫文章很不一樣，文章的作者不直接感受到讀
者的反映，也無法感受到閱讀的氛圍。在口語表達過程中，說話
人處在表達的具體場合，氣氛友好還是敵意，熱情還是冷淡，會
直接影響說話人的情緒、言辭、態度，有時還會打亂說話人的思
路，出現意外。至於談話過程中的反映和氛圍的變化，如由熱烈
而冷淡，由愛聽到不愛聽等等，對說話者的影響則更重要，更直
接，更敏感。所以，口語表達必須考慮氛圍因素 —— 因此，有些
重要的講話，爲了不出現意外，現場聽眾都必須有所選擇。由於
處於現場，所以講話的優缺點會立即一覽無餘地充分展現在大庭
廣眾，即使說錯了也難以糾正，即使糾正了效果也有限 —— 因此
一些重要講話，有些講話者會準備講話提綱。

（三）現代漢語口語語體的類別

根據交際環境和語言特點的不同，現代漢語口語語體可分為三大類：日常會話語體、廣播語體和講演語體。

1.日常會話語體

日常會話語體是兩人或多人交談時運用的口語語體形式。

日常會話是由兩個或兩個以上的人共同參與的雙向口語交際活動。它是語言交際中的一種最基本、最常見的現象。會話過程中，說者和聽者是不斷地轉換位置的，或者甲說乙聽；或者又乙說甲聽……形成言語的流轉和回饋。日常會話是人與人之間交流思想、融洽感情、增進友誼必不可少的社會生活現象，是人們增長見識、改善關係和排憂解悶的重要途徑。

日常會話主要有三種形式：

（1）聊 天

即俗話說的"閒聊"、"侃大山"。其意圖有多種，如為了消磨時間，為了增添樂趣，為了得到新的資訊，為了滿足"發表欲"的願望等等。

（2）談 心

談心即談心裏話。日常生活中，有時為了增進彼此的瞭解，或是為了消除誤會與分歧，彼此誠懇地交換意見、互通資訊。

（3）勸 解

用話語形式阻止他人發表意見或採取行動。日常生活中，人與人之間難免有矛盾和摩擦，通過話語形式使人們彼此間的矛盾和摩擦得到緩解甚至消除。

日常會話語體在語言運用上具有鮮明的特點，在語音、詞彙、語法層面均有表現。

在語音層面，日常會話語體經常具有以下特點

（1）豐富而多變的節律。實現不同節律的手段有句調、停頓和重音等。

首先是句調。

句調是每句話必然具備的。句調是由句子語音的高低變化形成的，一句話語音的高低變化又主要表現在句尾上。

句調大體上可分爲平調、升調、降調和曲調等四種。平調，調子始終保持同樣的高低，沒有顯著的變化，常用來表示說明意見、敘述事實的陳述語氣。升調，由平升高，常用來表示疑問、反問、驚異、憤怒、警告、號召等語氣。降調，先平後降，常用來表示肯定、感歎、祈使等語氣。曲調，調子升高再降，或先降後升，常用來表示諷刺、反詰、含蓄或驚訝、厭惡、遲疑等語氣。

試比較下面兩組對話：

第一組

　　甲：這個話是你說的？（升調，句尾語音上揚，表示疑問）

　　乙：這個話是我說的。（降調，句尾語音下抑，表示肯定性的回答）

第二組

　　甲：這個話是你說的？（升調，句尾語音上揚，表示疑問）

　　乙：這個話是我說的？（曲調，先降後升，句尾語音上揚，表示對甲提問的反詰，還含有驚疑之意：這個話怎麼可能是我說的！）

說話的句調，微妙而複雜。日常會話中的句調，往往是因人而異，因事而異，同時因地而異。一句話，芸芸眾生所實際使用

的句調，異常豐富多彩，不是我們三言兩語所能說得盡的。

其次是停頓。

停頓是說話時語音上的間歇。說話時為了使語義表達清晰，需要停頓；為了調節呼吸，需要停頓；為了表示強調以引起聽者的注意，也需要停頓。停頓在口語表達中起著標點符號的作用。停頓的地方不同，表達的意思往往也不同。

試比較下面兩句話：

①我看見她/笑了。（我笑了）

②我看見/她笑了。（她笑了）

再其次是重音。

重音是為了突出句子中的主要意思或強調句子中的特殊感情，說話時說得特別加重的音。如"你會做嗎？"一句，"會"若不重讀，是一般詢問；如果特意重讀，那就是反問，含有藐視對方的意思，認為對方根本不會做，否定的語氣很重。

試比較下列各個重音點不同的句子的語義差異：

①我知道你會唱歌。（別人不知道你會唱歌）

②我知道你會唱歌。（你不要瞞我了）

③我知道你會唱歌。（別人會不會唱歌我不知道）

④我知道你會唱歌。（你怎麼說不會呢？）

⑤我知道你會唱歌。（會不會唱戲我不知道）

以上我們討論了實現不同節律的三種常見手段。

（2）自然而和諧的節奏。

我們這裏所說的節奏，主要是指語速，也就是說話的快慢節奏。

說話的速度往往跟說話人所要表達的內容、語言的外部環境等有密切關係。一般說來,凡是話語內容涉及或表述狀況處在興奮、激昂、緊張、驚懼的時候,語速就快;而話語內容涉及或表述狀態處在回憶、沉思、悲痛、懷念的時候,語速就慢;在話語內容涉及或表述狀態處於輕鬆、閒適、隨和的時候,語速就不快不慢。

語速跟語音的高低輕重協同起來,具有明顯的表情達意的作用。有人曾這樣描述:

重音/慢速:關切	輕音/慢速:思考
高音/慢速:傲慢	低音/慢速:沉重
重音/快速:粗暴	輕音/快速:輕鬆
高音/快速:急躁	低音/快速:焦急

在日常會話中,最常使用的語速應該是中速,即說話時語速適中,不快不慢。如果不分青紅皂白,不管談論什麼都像機關槍似地表述,會讓聽話人受不了;但如果倒過來,任何時候都慢騰騰地表述,一個簡單的意思要說上半天,也會讓人崩潰。

日常會話語體在詞語層面的特點主要表現在

（1）模糊性詞語的選用

模糊性詞語指的是那些沒有明確義界的詞語。任何語言中均存在一些所指範圍不明確的詞語,由於它們的存在才使我們的語言表達富有餘地和彈性。

我們一般都要求語言表達要明確,這是指說寫者要讓聽讀者明確知道所表達的意思。但是,明確不等於精確。模糊性詞語並非表義不明確,而是表義不精確。如甲告訴乙,某日下午 3 點在火車站外邊見面,同乘下午 3 點半的火車,但因"外邊"這個詞是個模糊性詞語,表義不精確,以致於兩人無法準時會面而誤了火車。

　　但是，有些時候，我們的語言表達並非像約定趕火車那樣一味要求表義很精確，而是要求表達有所彈性。如當你去商店購買一件急需用品卻沒貨時，你會問："什麼時候有？"售貨員有時也不清楚究竟哪一天會供貨，這時她可以有三種選擇：一是因爲不清楚而不回答，二是因爲不清楚而直說"不清楚"，三是使用模糊性詞語說"說不準，估計過幾天會來貨"。很顯然，這第三種選擇是最佳的。這就是模糊性詞語的價值所在。

　　又如在日常生活中我們常會約請親朋好友吃飯，我們一般不會說："明天中午 11 點 30 分到我家來吃飯吧！"而會說："明天中午到我家來吃飯吧！"前者用的是精確詞語，但頗有點最後通牒式的意味，會讓被邀請者產生被"勒令"的不快感覺；後者用的則是模糊性詞語，但卻很得體，很委婉，會讓被邀請者產生被尊重、被禮遇的愉悅感。

　　日常會話中模糊性詞語的使用是頗爲常見的現象。

　　（2）方言土語詞彙的使用

　　方言土語詞彙的使用在日常會話中也是很常見的。這是因爲方言土語詞彙的口語色彩比較濃，適合在日常會話中使用，也容易營造一種輕鬆隨便的氣氛。這主要是我們平時學習積累的共同語詞匯以書面語詞匯爲主，不要說北方方言區以外的人們所掌握的共同語詞匯均以書面語爲主，就是北方方言區的人們在平時學習中所接觸的也都是書面語詞匯，如果在平時的聊天談心中，大家還是都使用所掌握的書面語詞匯，就顯得不夠親昵、隨和，就缺少那種自然融洽的氣氛，更何況有些方言土語詞語所表達的那種特殊含義在共同語書面語詞匯中還沒有相應的詞語。

我們來看一些作家的作品中為了真實再現生活中的自然場景而運用的一些方言土語詞語：

①阿囡，呃，你幹麼脫得 —— 呃，光落落？（茅盾《林家鋪子》）

②我說，為這點兒事不必那麼吃心。（老舍《駱駝祥子》）

例①②中使用了不少方言土語詞語，如“阿囡”、“幹麼”、“光落落”、“吃心”等，非常符合人物的身份，是自然生活場景的真實寫照。其中例①反映的是江南的生活場景，例②反映的是京城的生活場景，前者的方言土語詞語大大多於後者。由此也可反映出人們日常會話中對方言土語詞彙的使用狀況。

日常會話語體在語法層面的特點主要表現在一些詞語不合語法規則的重疊使用、一些口語句式的選用以及句子組合上的飛跨跳躍。

（1）一些詞語不合語法規則的重疊使用

日常會話中常會出現一些詞語不合語法規則的重疊使用。主要有兩種情形：

一種是思維與言語表達不同步在言語層面的反映，是一種下意識的重疊。如：

①王強老師的住房問題，啊，這個這個，學校裏也專門討論，啊討論過幾次，唉，好幾次，意見不太統一呀，啊，不統一，唉，不統一，主要還是那個那個，相似的情況較多啊，比如說，喏，比如說，像那個那個誰啊，對對對，中文系的陳琴老師，她的住房，啊，唉，也沒解決，唉，也沒解決，沒解決，不好弄啊，這個事，啊，不太好太好弄啊！

還有一種是說話者有意起強調作用的重疊，重疊後能加深聽者的印象。如：

　②甲：我用車送您去上海吧我？

　　乙：別別別，千萬別送，千萬別送！

類似例①這樣的講話、談心，幾乎每天都在發生，我們大家不會感到陌生

（2）一些口語句式的選用

日常會話語體在句式選擇上也很有特點，那就是比較青睞短句、散句、省略句、非主謂句、緊縮句和不用關聯詞的意合複句。這些句式有一個共同特點，句子長度比較短小，結構往往比較鬆散。這既與說話者呼吸舒適的要求相關，也與聽話者接受資訊的便利要求相關。

我們來看一段話劇對白：

　二春：媽，走哇！

　大媽：一輩子沒住過店，我不去！我回家！

　二春：屋裏還有水哪！

　大媽：在家淌著水也是好的！

　二春：成心搗亂！媽，您可真夠瞧的！

　四嫂：二嘎子，你送王奶奶去！到家要是不能住腳，就攙她老人家到店裏來，聽見了沒有？給王奶奶拿著東西！

　二嘎：王奶奶，我要是走得快，您可別罵我！

　大媽：我幾兒罵過人？小泥鬼兒？

　員警：王大媽，您走哇？慢著點，地上怪滑的！

　大媽：（回首）久住龍鬚溝，走道兒還會不知道怎麼留神？

二春：（對婦女們）咱們走吧？

眾人：走！同志，替我給區長、所長道謝！（往外走）

（老舍《龍鬚溝》）

這段對白中共有 19 個句子，154 個字，平均每句 7.5 字。最短的一句只有一個字"走！"。修飾性成分和限制性成分用得少而短，短句多，散句多，省略句多，非主謂句多，還有緊縮複句，也有意合複句。話劇反映的是現實生活，同時，話劇也是需要人來演的，所以話劇的對白應該屬於自然會話形式。

其實，在日常生活中，我們接觸的不全是這些句式嗎？下面這些場景每個人都經歷過：

①在公共電車上，乘客："兩張火車站。"（我買兩張去火車站的車票）

②橫穿大街時，一群遊人中的一個："車子！"（車子過來了，你們小心！）

③車站售票的視窗裏，售票員："買票排隊"（誰如要買票，誰就得排隊。）

④教室裏，班長通知周日來學校補課，甲同學舉手說："我下雨不來。"（如果周日下雨，那麼我就不來補課了。）

這些無非也都是短句、省略句、非主謂句和緊縮複句。

（3）句子組合上的飛跨跳躍

日常會話中，話題一般不集中，常轉換、跳躍，反映在句子的組合上就是前後句子不太連貫，飛跨跳躍。如果是多人參與會話，那更是如此。例如：

甲：昨兒你看球賽去了嗎？

乙：我送我媽去醫院檢查去了，哪有閒情呀？

甲：怎麼？不舒服啦？

丙：可不輕啊！胃小彎部分 —— Ca！

乙：真急人哪！

甲：聽說複方天仙膠囊有抗癌作用。

乙：我托人去買去了。可醫生說，早期手術治療，效果更好。

甲：確是這樣。

乙：呃，老劉的大伯是老外科……

丙：這個人好說話……

乙：聽說，現在都要給主刀的送紅包。

甲：沒這事兒，要紅包的人畢竟少數。

丙：現在正抓醫風、醫德，效果好像還不錯。

甲：啊哦，今晚我值班，我得先走了！

丙：她還是老積極，走吧走吧！

乙：人家可是老先進呕！

甲：哪想得先進？怕扣獎金！

丙：你們單位那點獎金就算了吧！哎，聽說沒有，以後事業單位的獎金要全部納入工資嘞！

乙：說了好幾年了，誰知道呢！哎呦，我媽的病唉！

甲：不急不急！總會有辦法的!哎呦，我真的要走了，快遲到了！

丙：我們又沒拖住你，快走吧快走吧！

上述短短的會話中，話題轉換多次：球賽 —— 送媽媽去醫院檢查 —— 抗癌複方仙膠囊 —— 動手術 —— 紅包 —— 抓醫風、醫德 —— 值班 —— 老積極、老先進 —— 獎金 —— 媽媽的病 —— 值班。

句子組合上也幾度飛跨跳躍。

2.廣播語體

廣播指的是廣播電臺用無線電波向外播送的節目，如：新聞、報刊文章、科學常識和文藝演出等。與報刊相比，廣播具有接受便利、傳遞迅速、功能多樣、感染力強的特點，因此，長期以來一直是較受人們歡迎的大眾傳播媒體之一。

廣播語體是適應廣播語言的表達需要而形成的口語語體形式，它是隨著廣播這種傳播媒介的出現而出現的，並隨著廣播的發展而發展。廣播材料一般均短小精悍，生動具體，而沒有長篇大論、令人生厭的空談；廣播語言多用日常口語，句子簡短，詞語運用通俗易懂，詞語音韻優美與響亮。因此，口語化、通俗化、規範化及音韻和諧是廣播語言的特點。廣播節目較為豐富，有廣播新聞、廣播通訊、廣播評論、廣播劇以及熱線互動、談心聊天等。

廣播語體具有獨特的語言特點，主要表現在：

（1）口語化。廣播使用的是口說耳聽的有聲語言，一切資訊知識觀點、情感的表達都是靠播音員的說話來實現的。廣播的聽眾極為廣泛，他們的年齡、性別、職業、愛好都不一樣，文化水準也各不相同。為適應最廣大聽眾的需要，廣播語言必須實行口語化。而要實行口語化，往往會在下列細節上特別留意：

①用口語詞而不用書面語詞或文言詞。常見的如：用“這”而不用“此”，用“是”而不用“系”，用“都”而不用“均”，用“想要”而不用“欲”，用“是不是”而不用“是否”，用“適合”而不用“宜於”，用“上面所說的”而不用“上述”，用“位置在”而不用“地處”，用“越來越”而不用“愈”等。

　　③用雙音詞而少用或不用單音詞。單音詞念起來短促，不易聽清楚，不太符合漢語口語習慣，所以在廣播語言中往往都用雙音詞。常見的如用“但是”而不用“但”，用“所以”而不用“故”，用“並且”而不用“並”或“且”，用“已經”而不用“已”，用“假如”而不用“如”或“若”，用“雖然”而不用“雖”，用“應該”而不用“應”或“該”，用“曾經”而不用“曾”等。

　　④用短句而不用長句。我們聽廣播，靠的是一發即逝的語音，難以反復聆聽，這就要求廣播語言句式簡短。句子短一些，講起來省力，聽起來也輕鬆。如：

　　　　少先隊的鼓號隊來到天安門前。隊員們一身潔白裝束，戴著小白帽，白帽上插著三根紅羽毛。（中央人民廣播電臺國慶三十五周年群眾遊行解說詞）

　　（2）通俗化。關於通俗化的話題往往與口語化相關，但兩者並不等同，如方言土語可以強化口語化，所以在日常會話語體中被廣泛使用，但方言土語並不能實現通俗化，因為那些只在方言區使用的詞彙對於方言區外的人來說往往也聽不懂，因此，方言土語“俗”有餘而“通”不夠。廣播語體是面向全體聽眾的，所以在詞彙運用上有別於日常會話語體，即更著眼於“通”。廣播語體要實行通俗化，往往會在下列細節上特別留意：

　　①使用普通話詞語而不用方言土語。普通話是全國通用的標準交際用語，具有最大的全民性。廣播語言都會選用普通話詞語，讓人易聽易懂，而不用方言土語，因為方言土語由於受使用區域的限制，很難為全體聽眾所理解。如用“我們”而不用“俺們”或“阿拉”，用“不乾淨”而不用“醃臢”、“垃圾”、“邋

遢"、"齷齪"等,用"丈夫"而不用"官人"、"當家的"、"男人"等,用"妻子"而不用"婆姨"、"婆娘"、"堂客"、"屋裏"、"炕上的"等,用"女朋友"而不用"相好"、"馬子"等。

②用解釋性名詞代替專業術語。廣播材料無比豐贍,其中也會涉及一些專業術語,這些專業術語具有很強的行業性,大多數群眾是不熟悉的。廣播語言中如果直接使用這些詞語,會使聽眾迷惑不解,影響收聽效果。因此,在實際播音過程中,一般都用解釋性名詞去替換這些專業術語。如當向聽眾播出"中國科學院上海有機化學研究所等單位研製成全氟碳代血液"這條重要消息時,其中的"全氟碳代血液"是專業術語,不要說普通老百姓,即使不搞這一行的專業技術人員也聽不懂所指為何物,但一經替換成:"(中國科學院上海有機化學研究所等單位研製成)新型人造血",那麼所有聽眾就都明白了。

③慎用臨時簡稱。簡稱是為用語方便而產生的,使用那些已經約定俗成並為絕大多數人所熟知的簡稱,的確能給人們帶來語言交流的方便,如用"中共中央"或"中央"這樣的簡稱來替代"中國共產黨中央委員會"這樣的全稱,用"美國"或"美"、"朝鮮"或"朝"這樣的簡稱來替代"美利堅合眾國"、"朝鮮民主主義人民共和國"這樣的全稱等等。但有些簡稱雖已形成一段時間卻並未為大多數人所瞭解,這樣的簡稱應不用。如當年有人將美國總統布希和英國首相布雷爾簡稱為"二布",如果出現在廣播語言中一般人就難以聽懂,不如直接用全稱方便。目前每天出現在蘇州電視臺"蘇州新聞"中、市政府向市民重點宣傳的"三區三城"這個簡稱,我曾經問過不少同事,大家都是一頭霧

水，不知其所指爲何，就是廣播語言濫用臨時簡稱的一次敗筆。問題是，這樣的臨時簡稱在各地新聞中在在皆是。

（3）規範化。在現代漢語口語語體中，廣播語言對規範化的要求最高。作爲大眾媒體之一的廣播在語言使用規範的導向上作用越來越大。聽眾天天聽，而後跟著說，腦海裏不可避免地留下廣播的用語。因此，廣播語體在語言的規範化上擔當著一個示範的作用。廣播語體的規範化主要體現在以下幾個方面：

①語音規範。廣播電臺的播音均以標準的普通話讀音爲藍本，不容出現異讀、怪讀、妖讀、歪讀等現象。語音不正，方言混雜，是與語言規範化背道而馳的。如：哨卡（qiǎ）不能讀成哨卡（kǎ），退色（shǎi）不能讀成退色（sè）。

②詞彙規範。廣播語言使用的均爲聽眾一聽就懂的普通話詞彙。當然，那些方言中表現力強且通行區域不斷擴大並逐漸被吸引進普通話中的方言詞語也是可以使用的。但這絕不意味著放著現成的普通話詞語不用，而濫用方言土語。

③語法規範。廣播語言所遵循的是大家約定俗成的語法規則，這樣才能爲聽眾所理解。否則，如果使用一些在局部範圍內流行的語法格式，聽眾要麼聽不懂，要麼聽起來很吃力。如“上海市民聽說了下一屆世博會將在上海舉行的消息，心裏不要忒激動、忒自豪！”這句話，上海人或江南一帶人氏聽起來感到很親切，但很多聽眾可能有些費解，廣播語言是不允許這樣說的，而要說成“上海市民聽說了下一屆世博會將在上海舉行的消息，心裏很激動，很自豪！”有些句子，如歐化句式，雖然理解上沒有問題，如說：

長期從事護理工作的一批老護士最近受到了衛生部的表彰。

但還是不如如下的表述更能爲聽眾所接受：

衛生部最近表彰了一批長期從事護理工作的老護士。

因爲後者既符合普通群眾的語言習慣，又便於資訊的接收。

（4）悅耳性。廣播語言是通過人們的耳治來實現其資訊傳遞和感情交流的，爲了最大程度地讓聽眾獲得美的享受，總是想方設法地提高其語言運用的悅耳性，注重語詞的音韻優美、音節響亮，讓聽眾在聲音的世界裏大飽"耳福"。一則普通的新聞、通訊或一篇簡單的遊記，當它們從書面形式被加工成廣播口語形式之後，再經過播音員的藝術再創造，變無聲爲有聲，加上音樂、音響的有機結合，達到用聲音來迷人的效果。這也就是普通群眾較之於看報紙新聞更願意聽新聞聯播節目的原因。廣播語言的悅耳性主要表現在以下幾個方面：

①語句音節整齊勻稱。廣播語言說起來上口，聽起來入耳，音節整齊勻稱是一個主要的原因。語句整齊勻稱，節奏感強，就容易悅耳動聽。如：

> 想著想著，綠油油的泡桐林，金燦燦的油菜花，黃澄澄的大穀穗……在眼前越聚越多，簇成了一個五彩繽紛的大花園。沙振海的心醉了。（配樂通訊《青山不老》，中央台《對農村廣播》節目 1979 年 1 月 29 日播出）

上例中連用了三個偏正結構的短語，字數相同，音節勻稱，富有節奏感。

②摹寫多樣的聲音。廣播語言是以聲傳情的，它離不開對聲音的探索，現實生活中，有複雜多樣的聲音。廣播語言常常通過摹寫這些千差萬別的聲音，給聽眾帶來美的享受。如：

> 這時滿樹林都是夜鶯的叫聲，熱鬧極了。你聽，那喳 —— 喳

　　　　—— 喳的幼鳥的叫聲；那呱 —— 呱 —— 呱的是大鳥的

　　　　叫聲。幼鳥大概餓急了，吵吵嚷嚷地爭著吃東西。（《小

　　　　鳥天堂》，中央台《祖國各地》節目，1981 年 12 月 11 日播出）

　　上例中用了"喳"、"呱"等擬聲詞，活靈活現地描繪了各

種鳥的鳴叫聲，喚起聽眾聽覺上的想像，如聞其聲。

　　③平聲仄聲相間。廣播語言注意平聲仄聲相間，同詩詞的注

重平仄律不是一碼事。因爲廣播語言既不需要押韻，也不要求對

仗，它只是要求留意平仄聲相間，避免平聲或仄聲的集中排列，

從而既不致于造成播音員發音上的彆扭，也不致於造成聽眾收聽

時的疲憊感。比如，"各位姐妹"、"各位女士"都是仄聲，短

促單調，而"聽眾朋友"，則平仄相間，抑揚有致，播音員們都

取後者。

　　④語調、語氣恰當。廣播語言的魅力 —— 表現力和感染力的

展現也與播音員恰當地使用語調、語氣分不開。播音員憑著對廣

播材料的透徹理解，靈活地把握語言的重音、停頓、語速以及句

調，準確地表達各種語氣，以展現出語言的音樂美。

3.講演語體

　　講演，也叫演講或演說。它是在公開場合，面對聽眾，闡明

自己的意見、主張或講述某種知識的一種說話形式。

　　講演語體是爲了適應講演語言的表達需要而形成的口語語體

形式。講演語體多用於比較嚴肅或比較莊重的公共場合。同日常

會話相比，講演時常會寫好書面底稿或想好腹稿，大多有所準備，

因此它話題比較集中，語言比較簡練，富有感染力。在詞語的選

用上，多用通俗易懂的詞語，一般較少使用方言土語和文言語詞。

語句中較少有語病，多用短句、感歎句、反問句和排比句。

講演語體在語言運用上具有以下特點：

（1）通俗易懂

講演語體講究語言的明朗化、淺易化、大眾化，不用生澀、艱深、冷僻的詞語，不用不易理解的古文和詩詞，不用專業術語。

我們來看 1972 年周恩來總理歡迎尼克森總統訪華的一段講演：

> 尼克森總統應中國政府的邀請，前來我國訪問，使兩國領導人有機會直接會晤，謀求兩國關係正常化，並就共同關心的問題交換意見，這是符合中美兩國人民願望的積極行動，這在中美兩國關係史上是一個創舉。
>
> 美國人民是偉大的人民。中國人民是偉大的人民。我們兩國人民之間的來往中斷了 20 多年。現在，經過中美雙方的共同努力，友好往來的大門終於打開了。目前，促使兩國關係正常化，爭取和緩緊張局勢，已成為中美兩國人民強烈的願望。人民，只有人民，才是創造世界歷史的動力。我們相信，我們兩國人民這種共同願望，總有一天是要實現的。

周恩來的講演是一次重大的政治活動，但他所使用的語言卻非常口語化，而且很通俗，聽起來很直白，但並不淺顯，因為它蘊含了深刻的內涵。

我們再來看一段學術講演。魯迅在《魏晉風度及文章與藥及酒之關係》的學術講演中，曾提到一種叫“五石散”的藥，魯迅對此進行了解釋：

> “五石散”是一種毒藥，是何晏吃開頭的。漢時，大家還不敢吃，何晏或者將藥方略加改變，便吃開頭了。五石散

> 基本大概是五樣藥：石鐘乳、石硫黃、白石英、紫石英、
> 赤石脂；另外怕還配點別樣的藥。

魯迅通過這種通俗易懂的解說，不僅給人以新鮮感，使聽眾對原來不熟悉的"五石散"有了清楚的瞭解，而且也使他的講演具有"磁性"，能緊緊抓住聽眾的心。

（2）簡短有力

講演是面對面的說話，不可能像書面語那樣使用附加成分多的長單句，因為句子太長，嚴密倒是嚴密了，但是，聽眾聽了後面的忘了前面的，沒法理解、把握全句的意義，因此，講演語體所使用的句子只能是簡短同時又富有感染力的。

我們來看下面這段演講：

> 今天，這裏有沒有特務？你站出來！是好漢的站出來！你出來講！憑什麼要殺死李先生？（厲聲，熱烈的鼓掌）殺死了人，又不敢承認，還要誣衊人。說什麼"桃色事件"，說什麼共產黨殺共產黨，無恥啊！無恥啊！（熱烈的鼓掌）這是某集團的無恥，恰是李先生的光榮！也是昆明人的光榮！（聞一多《最後一次講演》）

這段講演，句子簡短，且富有感染力，連續的掌聲就說明了一切。

簡短有力，不僅僅是指語句，也指篇章結構。有一次福州新聞文化界邀請文學家郁達夫去作一次學術性演講，郁達夫對當時學術界那些冗長、空洞的演講十分反感，認為這是空耗時間，對人對己都沒有好處。他本來不願意接受這次邀請，但由於盛情難卻，最後還是去了。他一到會就跑上講臺，在黑板上寫了三個大字，"快短命"，隨後朝台下看了看，開始了他的演講：

本人今天要講的是文藝創作的基本概念，就是這三個字要訣：快 —— 就是痛快，寫得快；短 —— 就是精簡與扼要；命 —— 就是不離題，詞達意。說話和作文都是一樣的，如我現在說的就是這個原則。不說得天花亂墜，離題太遠，或者像纏腳布那樣又臭又長。完了！

隨著一陣熱烈的掌聲，郁達夫結束了他的這次學術演講。郁達夫的這篇演講，全文不足一百字，真是"超短"型的。但內容豐富，信息量大，組織嚴密，語言痛快淋漓，真不愧為大作家。著名的講演，無論全文還是語句都是簡短有力的典範。

（3）情真意切

所謂情真，是指講演的內容和表達本身都帶著真摯的感情，是真實感情的自然流露。所謂意切，一是指表達形式與內容十分切合，是兩者的完美結合；二是指表達的內容與情感切合時代，切合聽眾的精神訴求。

我們來看美國黑人運動領袖馬丁·路德·金的一段講演：

回到密西西比去吧！回到阿拉巴馬去吧！回到南卡羅來納去吧！回到喬治亞去吧！回到路易絲安納去吧！既然知道這種境況能夠而且一定改變，那麼就回到我們北方城市中的陋巷和貧民窟去吧！我們決不可以在絕望的深淵中縱樂。

今天，我對大家說，我的朋友們，縱使我們面臨著今天和明天的種種艱難困苦，我仍然有個夢想。

我夢想著，有那麼一天，我們這個民族將會奮起反抗，並且一直堅持實現它的信條的真諦 —— "我們認為所有的人生來平等是不言自明的真理"。

我夢想著，有那麼一天，甚至現在仍為不平等的灼熱和壓迫的高溫所炙烤著的密西西比，也能變為自由與和平的綠洲。

我夢想著，有那麼一天，我四個孩子，能夠生活在不以他們的膚色、而以他們的品性來判斷他們的價值的國度裏。

我夢想著，有那麼一天，就在邪惡的種族主義者仍然對黑人活動橫加干涉的阿拉巴馬洲，就在其統治者抱不取消種族歧視政策的阿拉巴馬洲，黑人兒童將能夠與白人兒童如兄弟姐妹一般攜起手來。

我夢想著，有那麼一天，溝壑填滿，山嶺削平，崎嶇地帶鏟為平川，坎坷地段夷為平地，上帝的靈光大放光彩，芸芸眾生，共睹光華！

這就是我們的希望！這是我們返回南方時所懷的信念！

（馬丁·路德·金《我有一個夢想》）

這是近百年來世界上最著名的演講家之一 —— 美國黑人運動領袖馬丁·路德·金 1963 年 8 月 23 日在林肯紀念堂的一段演講。他在講演中一連用了 5 個以"我夢想著，有那麼一天"開頭的排比段落，深情地、具體地表述了他對自由的理解和渴望，激情澎湃，感人至深。他的這些話完全發自肺腑，同時也說出了千百萬黑人的心聲，因此極富感染力和鼓動性。

第七章　語　體 (下)

一、現代漢語公文語體

公文語體是因適應事務交際需要而形成的言語體式。公文語體是典型的書面語體之一。

事務交際是社會交際的基本領域之一。事務交際既包括國家機關、社會團體之間的行政事務交往，也包括國家機關、社會團體與社會成員個體之間發生的事物交往，還包括社會成員個體之間的事務交往。在這些交往過程中所使用的言語形式 —— 主要是書面語形式，均屬公文語體範疇。

公文語體的事務交往功能，決定了其語言運用完全以實用為目的，因此，在詞語的選擇、語法結構的選擇以及篇章結構的安排等方面均有其獨特性。

(一) 現代漢語公文語體的語言特點

1.詞語運用的特點

公文語體在詞語的選用上有著較為嚴格的限制，一般不用口語詞及方言俗語，也不講究詞語的平仄相間和聲韻和諧。常見於公文語體中的是以下一些詞語：

（1）專用詞語

所謂專業詞語，其範圍要大於專業術語，其中的一些是專業術語，也有一些並不是術語，只是一些具有明確的事務涵義的詞語。由於專用詞語有助於表述的規範、明確、簡潔，所以在公文語體中極爲常用，如："任免、懲戒、通緝、累犯、假釋、赦免、審核、取保候審、概不追究"等詞語。

（2）文言詞語

公文語體是書面語體，其語言表述要求體現書面語的莊重、典雅的格調，而文言詞語正好迎合了公文語體的這種要求，因此也常爲公文語體所採用，有些已經成爲公文語體的格式化用語。如"茲、茲因、欣悉、際此、值此、如下"等等。

（3）能願動詞

公文往往體現了對國家機關、社會團體及社會成員個體的各種規範、指導和約束，即我們常說的具有指令性，而能願動詞"應"、"應該"、"應當"、"可"、"可以"、"不得"等正好迎合了公文的指令性特徵，因此，自然也就在公文語體中被廣泛運用。如：

①承攬方對定作方提供的原材料，應及時檢驗，發現不符合合同規定時，應立即通知定作方調換或者補齊。承攬方對定作方提供的原材料不得擅自更換，對修理的物品不得偷換零件，違反的應承擔賠償責任。（《中華人民共和國經濟合同法》第 19 條第 2 款）

2.語法結構選擇的特點

公文語體在語法結構的選擇上也同樣別具特色，常見於公文語體的語法結構主要有：

（1）"的"字短語

"的"字結構具有兩大特點：一是具有表達上的高度概括性，二是具有形式上的無比簡略性。而這正是公文語體所青睞的，因為公文的指令性特點要求它在語言表達上必須做到嚴謹、簡明、概括。

我們來看下面這段文字：

②禁止生產、銷售劣藥。有下列情形之一的藥品為劣藥：

一、藥品成分的含量與國家藥品標準或者省、自治區、直轄市藥品標准規定不符合的；二、超過有效期的；三、其他不符合藥品標準規定的。（《中華人民共和國藥品管理法》）

這段文字中所列舉的三種情形的劣藥均是由"的"字短語來表述的。

（2）由介賓短語充當的複雜定語、狀語

公文語體表達中經常需要從目的、範圍、對象、依據、方式等各方面對所表述的對象、內容進行嚴格的限定，而介賓短語正好可以為公文語體表達實現其所需的各種限定，因此介賓短語在公文語體中自然就被頻繁運用，尤其是那些表對象範圍的介詞"對、對於、關於"等、表目的手段的介詞"為、為了、按照"等以及表依據的介詞"在、依據、依照、遵照"等所引導的介賓短語更是使用頻率極高，由其充當的定語、狀語有著極強的限定作用，從而保證了表述上的明確、嚴謹。

我們來看下面這一段：

③為了保障公共安全，維護社會秩序，根據《中華人民共和國刑法》和《治安管理處罰條例》，經上海市人民政

府批准，現將收繳犯罪兇器，通告如下。（上海市公安局《關於收繳犯罪兇器的通告》）

例③中由３個介賓短語充當的狀語從目的、依據、方式等方面對通告內容進行了限定，表達確切、嚴密，無懈可擊。

（3）文言句式

古代公文中常用的一些文言句式，往往具有高度的概括性和濃郁的書面語色彩，至今仍保留在現代漢語公文語體中，而且使用的頻率還相當高。如：

⑥凡多次違反店規店章，經教育仍然不改者，企業經理有權對其警告和實施停職檢查》（某店店規）

例中"凡……者"就是一種文言句式，它具有高度的概括性，表明在所指範圍內無一例外，而且又具有濃郁的書面語色彩，這正迎合了公文語體準確、嚴謹、莊重的要求。

（4）無主句

無主句是公文語體中最為常見的句式，無論是國家公諸於眾的條例律令，還是行政事業單位的規章守則，毫無例外均選擇使用無主句，這也成了公文語體在句式選擇上的一種明顯的標記。如：

⑦對於涉及國家機密的證據，應當保密。（《中華人民共和國刑事訴訟法》）

⑧貫徹執行糧油供應政策和有關規定，宣傳計畫用糧、節約用糧，做到買賣公平，不短斤缺兩，不私放比例。（《上海市糧食局糧油商店職工守則》）

（二）現代漢語公文語體的篇章結構特點

1.行文嚴格格式化

公文語體在章法結構上的特點之一是行文嚴格格式化，千遍一律，而絕不允許個人自創。如文件類公文下行文，必須在起首第一行中間寫明文體名稱“佈告”、“命令”之類，同行右側寫發文字型大小；第二行起為正文；正文末為“結尾語”，如“此布”、“現予公佈”之類；末行寫發文機關名稱或首長姓名、日期。這些行文格式是人們在長期的公文寫作中逐漸形成的，而且與公文類別有著特定的聯繫。因此，根據公文類別選用相應的行文格式，可以使公文接受方能迅速瞭解公文性質，分別輕重緩急，作相應處理。因此，行文格式化是公文語體在篇章結構上的最大特徵。

2.講究層次和分項敘述

一般寫文章，往往會在起承轉合上花費功夫，而公文語體卻完全擯棄一般文章謀篇佈局的這一套，它不需要考慮起承轉合，而是採用最簡單明瞭的類似開列賬目的方式 —— 以數目字領頭的分別項款敘述的方式，這樣做，既省卻了段落間的過渡詞語，使行文簡潔無枝蔓，也使各項款顯得醒目突出。

以上討論了公文語體在詞語的選用、語法結構的選擇及篇章結構的安排上所表現出來的一些基本特點。它們是公文語體語言運用及謀篇佈局上的一種“共性”，任何背離這些共性特點的作為，都會帶來公文語體語言運用上的失誤或敗筆，甚至導致公文語體交際功能的無法正常發揮，後果會很嚴重。

（三）現代漢語公文語體的類別

公文語體可以依據內容分為公文文件語體、法律文書語體和日常應用文語體等三大類。

1.公文文件語體

公文文件語體是指國家機關、社會團體、企事業單位處理公務而經常使用的言語體式，包括黨和國家的文件、命令、條約，社會團體和企事業單位的規章、合同、協議書等。

公文文件語體是最為典型的公文語體，它具備公文語體在語言運用層面和篇章結構安排層面所具有的全部特徵。

下面我們簡單介紹一下國家行政機關公文文件的基本格式。

文件的格式一般包括：標題、發文字型大小、正文、公文印章、秘密等級、緊急程度、主送機關、抄送機關、附件、落款、發文日期。

標題位於文件的開頭，正文的上端。標題一般包括作者（發文機關）、內容摘要（事由）和公文名稱三個部分，要求明確、簡要、醒目，例如《林業部關於印發〈違反森林法行政處罰暫行辦法〉的文件》，"林業部"是作者，"關於印發〈違反森林法行政處罰暫行辦法〉"是事由，"文件"是公文名稱。目前黨政機關一般採用固定的版頭，如《國務院文件》、《XX 部文件》、《XX 省人民政府文件》。

發文字型大小是由發文機關的辦公廳統一編列的，包括機關代號、發文年度和發文順序。如國務院文件的發文字型大小為"國發[19XX]XX 號"，"國發"是機關代號，發文機關可自擬機關代號；括弧內的是年號，用阿拉伯字體且不得簡寫，要用[ ]而不能用（　）；順序號每年從阿拉伯字"1"開始編流水號。

公文印章簡稱公章。公文須一律加蓋發文機關的公章。公章應蓋在成文日期的上側，要求上不壓正文，下要騎年蓋月。某些公文如命令、佈告等，除了要蓋公章外，還需由簽發文件的領導人親自在落款處簽字才能對外發出。

國家秘密的等級簡稱密級，它是根據國家的各項秘密，如被不應知悉者所知對國家安全和利益可能造成損害的不同程度，而對國家秘密作出的級別劃分。我國的國家秘密分為"絕密"、"機密"、"秘密"三級，統稱為"秘密"。公文內容涉及國家秘密的，應根據秘密程度，在公文標題的左上角醒目處標上密級。緊急程度現在一般改稱為"緩急程度"。凡緊急公文應在公文首頁左上角分別表明"緊急"、"急"。

受文機關分主送機關和抄送機關。主送機關是指根據公文內容，需要對方批示或承辦的機關。主送機關的書寫位置，要寫在標題之後，正文之前。抄送機關只限於同公文內容有關，需要對方協作或知道的機關。上行公文和平行公文除個別特殊情況外，一般只寫一個主送機關，如需同時送其他機關，應用抄送形式。對抄送機關有時按上、平、下級，分別寫為抄報、抄送、抄發，也可一律寫為抄送。公文抄送機關或範圍，標注在主題詞下方位置。

公文如有附件，應在正文之後注明附件名稱和順序。

發文機關應寫機關的全稱，落款應放在離正文一定距離的右下方，如有附件，則在離附件一定距離的右下方。落款的字距要比正文字距稍大一點，最末一字不要與正文右邊最後一字並齊，以求錯落好看。

公文發行的年月日，一律寫在文件末尾簽署之後，要與正文之間有些空當，以便蓋印，年份不能略寫。

下面就是一份國務院辦公廳文件：

國務院辦公廳關於羊毛產銷和品質等問題的函

國辦函 [1993] 2 號

國家計委、經貿辦、農業部、商業部、經貿部、紡織部、技術監督局：

爲進一步發展我國羊毛生產，搞活羊毛流通，提高羊毛品質，根據國務院領導同志的批示，現就有關問題通知如下：

一、要切實抓緊抓好草場改造和羊種改良工作。（略）

二、技術監督局要加強羊毛的品質監督和檢驗工作。（略）

三、要儘快組織直接進入國際羊毛拍賣市場。（略）

四、要促進國內養羊業的發展，支援紡織工業生產和擴大出口創匯。（略）

上述有關政策，請有關部門、各地區特別是羊毛生產區認真研究落實，執行中的問題，由國家計委和經貿辦協調，並督促落實。

國務院辦公廳（蓋章）

一九九三年一月三日

2.法律文書語體

法律文書語體是指人們在立法、司法等實踐工作中所使用的言語體式。法律文書語體也是最爲典型的公文語體，也具備公文語體在詞語的選用、語法結構的選擇及篇章結婚的安排上的所有特徵。

我們來看下面這一段文字：

　　破壞軌道、橋樑、隧道、公路、機場、航道、燈塔或者進行其他破壞活動，足以使火車、汽車、電車、船隻、飛機發生傾覆、毀壞危險，尚未造成嚴重後果的，處三年以下有期徒刑。（《中華人民共和國刑法》第 108 條）

下面介紹一下幾種主要的司法文書的格式。

（1）起訴書格式

X 事訴狀

原告：姓名、性別、出生年月、民族、文化程度、工作單位、職業、住址。

被告：姓名、性別、出生年月、民族、文化程度、工作單位、職業、住址、簡歷。

請求事項：（寫明向法院起訴所要達到的目的）

事實和理由：（寫明起訴或提出主張的事實依據和法律依據，包括證據情況和證人姓名及聯繫地址）

此致 XXXX 人民法院

原告：（簽名或蓋章）

XXXX 年 X 月 XX 日

附：一、本訴狀副本 X 份（按被告人數確定份數）；

　　二、證據 XX 份；

　　三、其他材料 XX 份。（注：民事、行政、刑事自訴各類案件起訴書的格式基本相同）

（2）答辯狀格式

X 事答辯狀

答辯人：姓名、性別、出生年月、民族、文化程度、工作單位、職業、住址。

被答辯人：姓名、性別、出生年月、民族、文化程度、工作單位、職業、住址。

答辯人因 XXXX（寫明案由，即糾紛的性質）一案，進行答辯如下：

請求事項：（寫明答辯所要達到的目的）

事實和理由：（寫明答辯的事實依據和法律依據，應針對原告、上訴人、申訴人，即被答辯人提出起訴、上訴、申訴所依據的事實、法律和所提出的主張陳述其不能成立的理由）

此致

XXXX 人民法院

答辯人：（簽名或蓋章）

XXXX 年 XX 月 XX 日

附：本答辯狀副本 X 份（按被答辯人人數確定份數）。

（注：民事、行政、刑事自訴各類案件答辯狀的格式基本相同）

（3）上訴狀格式

X 事上訴狀

上訴人：姓名、性別、出生年月、民族、文化程度、工作單位、職業、住址。

被上訴人：姓名、性別、出生年月、民族、文化程度、工作單位、職業、住址。

上訴人因 XXXX（寫明案由，即糾紛的性質）一案不服 XXXX 人民法院（寫明一審法院名稱）XXXXX 第 XXX 號 XX 判決，現提出上訴，上訴請求及理由如下：

請求事項：（寫明提出上訴所要達到的目的）

事實和理由：（寫明上訴的事實依據和法律依據，應針對一審判決認定事實、適用法律或審判程式上存在的問題和錯誤陳述理由）

此致

XXXX 人民法院

上訴人：（簽名或蓋章）

XXXX 年 XX 月 XX 日

附：本上訴狀副本 X 份（按被上訴人人數確定份數）。

（4）**申訴狀格式**

X 事申訴狀

申訴人：姓名、性別、出生年月、民族、文化程度、工作單位、職業、住址。

被申訴人：姓名、性別、出生年月、民族、文化程度、工作單位、職業、住址。

申訴人因 XXXX（寫明案由，即糾紛的性質）一案不服 XXXX 人民法院（寫明原終審法院名稱）XXXXX 第 XXX 號 XX 判決，現提出申訴，申訴請求及理由如下：

請求事項：（寫明提出申訴所要達到的目的）

事實和理由：（寫明申訴的事實依據和法律依據，應針對原終審判決認定事實、適用法律或審判程式上存在的問題和錯誤陳述理由）

此致

XXXX 人民法院

申訴人：（簽名或蓋章）

XXXX 年 XX 月 XX 日

附：本申訴狀副本 X 份（按被申訴人人數確定份數）。

（5）委託書格式

授權委託書

委託人：姓名、性別、出生年月、民族、工作單位、職業、住址。

（委託人爲單位的，寫明單位名稱）

被委託人：姓名、性別、出生年月、民族、工作單位、職業、住址。

（被委託人是律師的，只寫姓名和所在律師事務所名稱）

委託人因 XXXX（寫明案件性質及對方當事人）一案，委託 XXX 爲 XX（一審、二審或再審）的代理人（或辯護人），代理許可權如下：

（委託刑事案件的辯護人，只寫 "爲被告人 XXX（姓名）XXX 一案第 X 審進行辯護"）

（委託經濟、民事、行政等案件代理人的，須寫明代理許可權，特別授權的，應寫明授權的具體範圍，如代爲起訴、提出反訴、進行和解、撤訴、上訴、簽收法律文書等）

委託人：（簽名或蓋章）　　　被委託人：（簽名或蓋章）

XXXX 年 XX 月 XX 日

3.日常應用文語體

日常應用文語體是國家機關、社會團體、集體單位和個人爲了處理社會事務或私人事務而使用的言語體式。日常應用文包括計畫、總結、調查報告、啓事、海報、便條、請柬、致辭、書信、碑文、對聯、題詞等。

日常應用文語體並非典型的公文語體，因此在語言運用及篇章結構安排上與公文文件語體和法律文書語體均有所不同。

　　日常應用文語體在語言的運用上，除了計畫、總結、啓事、請柬等少數種類講究樸實、不尙文采外，大多比公文文件語體和法律文書語體要來得靈活生動。

　　我們來看下面這一段：

> 雁北塞上古稱“不毛之地”。明代詩人詠道：“雁門關外野人家，不養桑蠶不種麻。百里並無梨棗樹，三春哪得桃杏花。六月雨過山頭雪，狂風遍地起黃沙。”山西省右玉縣地處雁北地區的北端，北隔長城與內蒙古自治區毗鄰。全縣總面積 296 萬畝，解放時到處荒山禿嶺，森林覆蓋率僅 0.3%。由於植被稀疏，水土流失嚴重，“一年一場風，從春刮到冬”。每逢風沙之日，室內白晝點燈，耕地被刮去表土。由於氣候惡劣，環境荒涼，土地貧瘠，勞動人民掙扎在死亡線上，過著“男人走口外，女人挖野菜”的悲慘生活。……現在有萬畝以上林區三處，總面積在 11 萬畝以上。……春回大地之後，登高望遠，縣中部和北部大面積的防風林帶鬱鬱蔥蔥，田間的綠樹林網，縱橫交錯，叢林之中可靜聽百鳥爭鳴，不難見到成群結隊的雉雞、石鳥，並有狐、獾、狼、野兔和其他小獸出沒，林邊河上野鴨、水鳥密密麻麻，成為狩獵對象。被稱為“不毛之地”的右玉縣正在變成塞上綠洲。（楊士傑《昔日荒山變綠洲 —— 山西省右玉縣綠化山區的調查》）

　　這是一份調查報告。作者運用形象化的語言，把昔日不毛之地的慘像和現在的塞上綠洲的美景予以對比，生動地展示了山西省右玉縣所發生的巨大變化。

　　從中我們可以發現，在詞語的運用上，調查報告要比公文文件和法律文書靈活得多，像"春回大地"、"登高望遠"、"鬱鬱蔥蔥"、"綠樹林網，縱橫交錯"、"百鳥爭鳴"、"成群結隊"、"密密麻麻"這樣的詞語，充滿著詩情畫意，也飽含作者濃烈的讚美之情。這樣生動形象的詞彙，在公文文件語體和法律文書語體中是見不到的。

　　在句式的選用上，日常應用文語體也同樣體現出生動活潑的特點，而不象公文文件語體和法律文書語體那樣刻板單一。往往是各種句式並用，而且常常呈現出錯綜變化。

　　我們來看下面這一段：

　　　你具有堅強的無產階級黨性，不盲從，不苟同，堅持真理，
　　　剛直不阿，不論身居高位，還是身陷逆境，都一心為公，
　　　無私無畏。你的崇高品德，永遠是我們學習的榜樣。（《十二
　　　屆四中全會給黃克誠同志的致敬性》1985年9月17日《人民日報》）

　　其中有長句，有短句，有整句，也有散句，即使整句也富有變化。

　　日常應用文語體在修辭手段的運用上也同樣別具特色。公文文件語體和法律文書語體是不能運用諸如比喻、婉曲、誇張、對偶這樣的修辭方式的，而日常應用語體除少數種類外，大多可以使用比喻、婉曲、誇張、對偶之類的修辭方式。

　　我們來看下面這一段：

　　　咫尺之隔，竟成海天之遙。南京匆匆一晤，瞬逾三十六載。
　　　幼時同袍，蘇京把晤，往事歷歷在目，惟長年未通音問，
　　　此誠憾事。近聞政躬違和，深為懸念。人過七旬，多有病
　　　痛，至盼善自珍攝。（《廖承志致蔣經國先生信》）

　　這是一封公開信，屬於典型的日常應用文語體。其中“咫尺之隔”、“海天之遙”運用了誇張的手法，“政躬違和”則運用了婉曲的手法。

　　在篇章結構的安排上，日常應用文語體也不嚴格講究格式化，允許有變通，有的甚至並無固定格式。如上面所舉的調查報告和書信，前者無固定格式，後者則有不少變通。而且大多也不採用以數目字開頭進行項款列舉的表述方式。

　　下面簡單介紹一下我們用得最多的便條和請柬的寫法。

　　便條的“便”就是“隨意”、“簡便”的意思，所以便條的寫法沒有固定的格式，可由書寫人根據寫作目的自由決定。一般來說要寫明稱呼語、寫作原由和目的、落款、日期。

　　請看下面這張便條：

庭宇兄：

　　今天來訪，剛好你有事外出，未能相遇，十分遺憾。留下家鄉特產一盒，請笑納。

同學逸正上
十二月十二日

　　這張便條一共才四十四個字，“庭宇兄”是稱呼語，“同學逸正”是留條者落款，“十二月十二日”是日期，正文簡短地交代清楚了寫作的原因和意圖，並且全都省略了主語，用了“來訪”、“未能”等詞，這些都顯示了便條“便”的特點。

　　請柬要比便條正規得多，寫作款式可以分為橫式、豎式兩種。一般要在正文前一行（列）的中間寫上“請柬”兩字。正文起首空兩格，除了需要通報的事情、具帖者姓名、禮告敬辭之外，還有一個內容：請候的內容，如恭請（敬請）光臨（或光臨指導）、恭候台光、恭請禮教、恭請光陪、敬請賜教、候光等。

　　請看下面這份請柬：

　　請柬

　　茲定於十月八日下午二時三十分在幹將西路 188 號公司總部會議室舉行慶祝公司成立十周年座談會，會後在錦繡天堂大酒店舉行招待宴會。敬請

　　XXX　　先生/女士　光臨指導

　　蘇州袁文文化傳播有限責任公司

　　　　　　　　　　　　　　　　會議地址：XXX

　　　　　　　　　　　　　　　　宴會地址：XXX

二、現代漢語政論語體

　　政論語體是適應政治生活領域宣傳鼓動抨擊等的需要而形成的言語體式。

　　語言在社會交際中適應政治生活領域向群眾進行宣傳鼓動或向鬥爭對象展開抨擊進攻的需要所形成的功能變體。如報刊社論。表達方式以科學論證的邏輯性、說理性與藝術描繪的形象性、情感性相交織為特徵。語詞上多採用社會政治詞彙，並對其他各種詞彙成分加以協調運用。句式上除陳述句外，多用疑問句和祈使句，複句也被大量運用，講究語句的氣勢節調。各種修辭手法在政論語體中具有廣泛的適應性。政論語體又可以分為評論語體和雜文語體兩個分支。評論語體與社會科學語體相接近，雜文語體則與文藝語體相接近。

（一）現代漢語政論語體的類別

現代漢語政論語體大致可以分爲兩大類：評論語體和雜文語體。

評論語體主要是針對政治事件、社會問題以及社會生活中人們的一些思想行爲予以評論的政論語體。屬於評論語體的主要是社論、政治報告、講話、宣言、聲明、政治評論、時事評論、思想評論等。評論語體是政論語體的典型代表。

雜文語體則是文藝性的政論語體，涉及的面極爲廣泛，可以遍及社會生活的各個方面，政治、經濟、思想、人生、歷史等等，無不是其評議的對象和範圍。雜文語體以短小、活潑、鋒利、雋永爲特點，往往把形象的表達和深刻的說理相結合，飽含感情，形象鮮明，具有高度的藝術感染力。屬於雜文語體的主要是雜感、社會小品、隨筆等。雜文語體實際上是政論語體與文藝語體雜交後的產物。

1.社　論

社論是報社或雜誌社在自己的報紙或雜誌上以本社名義發表的評論當前重大的政治問題和社會問題的文章。常見的如《人民日報》社論、《光明日報》社論、《求是》雜誌社論等。

2.政治報告

政治報告是用口頭或書面的形式向上級或群眾所作的有關重大政治問題的陳述，在篇幅上都比較長。常見的如中國共產黨歷次全國代表大會工作報告、歷屆全國人民代表大會開會期間所作的政府工作報告等等。

3.講　話

這裏的講話不是指日常生活中的說話，而是個人代表一級政府或一個單位部門或某個社會團體在重要場合（一般多爲重要會議上）所作的正式發言，事後都會公開發表，在篇幅上都比較短。如郭沫若在 1978 年全國科學大學閉幕式上的書面講話、江澤民在 1999 年全國技術創新大會上的講話等。

4.宣　言

宣言是國家、政黨或社會團體對一些重大政治問題或社會問題公開發表意見以進行宣傳鼓動的文告。如 1948 年聯合國通過並頒佈的《世界人權宣言》、卡爾・馬克思和弗裏德里希・恩格斯共同爲共產主義者同盟起草並於 1948 年出版的《共產黨宣言》等。

5.聲　明

聲明是國家、政黨、社會團體、企業或個人對一些重大問題或事件公開發表意見以說明真相或表明自己的立場和態度的文告。如 1998 年 10 月中國總理朱鎔基和英國首相布雷爾在北京會談之後所發表的中英聯合聲明、2010 年 3 月穀歌發佈的《關於穀歌中國的最新聲明》等。

6.政治評論

政治評論是對目前發生的重大政治事件或出現的重大政治問題發表觀點和看法的文章。如毛澤東 1940 年發表的《論政策》、日本新華僑報 2009 年 11 月 24 日發表的《奧巴馬的亞洲政策與中日美關係》等。

7.時事評論

時事評論是針對剛剛發生的重要事件及時發表觀點和看法的文章。如北方網新聞中心 2011 年 9 月 30 日發表的《菲律賓"牽

制中國"失效:對南海問題悠著點》、2011 年 10 月 12 日發表的
《美參院通過"匯率案":自己生病,讓別人也發燒》等。

8.思想評論

思想評論是針對社會上出現的某種思潮、觀念和傾向發表觀
點和看法的文章。如中國青年報 2004 年 3 月 3 日發表的劉以賓的
文章《雷鋒精神不是"筐"》、鳳凰網 2011 年 11 月 7 日發表的
杜林雲的文章《杜絕一切非理性言行是不現實的》等。

9.雜　感

雜感是個人將平時所獲得的一些感想、見解用文字表述出來
所形成的文章。如梁實秋的《罵人的藝術》、魯迅的《戰士和蒼
蠅》等。

10.社會小品

社會小品是對社會生活中的一些問題和現象以短小精悍的文
字形式表現出來並加以簡單評述的文章。如魯迅的《二醜藝術》、
《吃白相飯》等。

11.隨　筆

隨筆是雜記見聞,隨手筆錄,不拘一格,長短自如的文章。
如巴金的《隨想錄》、黎先耀的《天之驕子》等。

(二)政論語體語言運用上的基本特點

政論語體是以議論為主的語體,在表達內容、篇章結構和語
言運用等方面都有其鮮明的特點。歸納起來大致有三個基本特
點:社會政治性詞語的大量使用,反問句、祈使句和複句的大量
使用以及排比、比喻、對偶、引用等修辭手法的運用等。

我們來看下面這一段:

毛主席和周總理又親自為我國規劃了建設社會主義的宏偉
藍圖，對科學事業和科學工作者給予了無微不至的關懷。
我國的科學事業有了突飛猛進的發展。回憶起這些情景，
一樁樁、一件件的往事都湧上心頭，好象就在眼前一樣。
飲水思源，我們怎能不萬分感激和無限緬懷偉大領袖毛主
席和敬愛的周總理呢！萬惡的“四人幫”對科學工作百般
摧殘，對科學工作者橫加迫害，妄圖重新把我們的祖國拉
回到愚昧、落後、黑暗的舊社會去。但是，“蚍蜉撼樹談
何易”。華主席為首的黨中央，一舉掃除了這夥禍國殃民
的害人蟲，使我們得到了第二次解放。現在，我們可以揚
眉吐氣地說，反動派摧殘科學事業的那種情景一去不復返
了！科學的春天到來了！從我一生的經歷，我悟出了一條
千真萬確的真理：只有社會主義才能解放科學，也只有在
科學的基礎上才能建設社會主義。

科學需要社會主義，社會主義更需要科學。看到今天這種
喜人的情景，真是無比感慨和興奮。“老夫喜作黃昏頌，
滿目青山夕照明。”敬愛的葉副主席的光輝詩篇，完全表
達了我們這一代人的心情。

我們中華民族在人類文明發展史上，曾經有過傑出的貢
獻。現在，在共產黨的領導下，我們民族正經歷著一場偉
大的復興。恩格斯在談到十六世紀歐洲文藝復興時曾經說
過，那是一個需要巨人的時代。今天，我們社會主義祖國
的偉大革命和建設，更加需要大批社會主義時代的巨人。
我們不僅要有政治上、文化上的巨人，我們同樣需要有自
然科學和其他方面的巨人。我們相信一定會湧現出大批這

樣的巨人。

科學是講求實際的，科學是老老實實的學問，來不得半點虛假，需要付出艱巨的勞動。同時，科學也需要創造，需要幻想，有幻想才能打破傳統的束縛，才能發展科學。科學工作者同志們，請你們不要把幻想讓詩人獨佔了。嫦娥奔月，龍宮探寶，《封神演義》上的許多幻想，通過科學，今天都變成了現實。偉大的天文學家哥白尼說：人的天職在於探索真理。我國人民歷來是勇於探索，勇於創造，勇於革命的。我們一定要打破陳規，披荊斬棘，開拓我國科學發展的道路。既異想天開，又實事求是，這是科學工作者特有的風格，讓我們在無窮的宇宙長河中去探索無窮的真理吧！

我祝願全國的青少年從小立志于雄偉的共產主義事業，努力培養革命理想，切實學好現代科學技術，以勤奮學習為光榮，以不求上進為可恥。你們是初升的太陽，希望寄託在你們身上。革命加科學將使你們如虎添翼，把老一代革命家和科學家點燃的火炬接下去，青出於藍而勝於藍。

我的這個發言，與其說是一個老科學家的心聲，無寧是對一部巨著的期望。這部偉大的歷史巨著，正待我們全體科學工作者和全國各族人民來共同努力，繼續創造，它不是寫在有限的紙上，而是寫在無窮的宇宙之間。

春分剛剛過去，清明即將到來。"日出江花紅勝火，春來江水綠如藍。"這是革命的春天，這是人民的春天，這是科學的春天！讓我們張開雙臂，熱烈地擁抱這個春天吧！

（郭沫若《科學的春天》）

這是1978年3月郭沫若在全國科學大會閉幕式上發表的書面講話的一部分。這篇講話是由借調到中科院的胡平代爲起草的，時86歲高齡的中科院院長郭沫若因身體原因無法發言，由著名播音員虹雲代爲朗讀。在這段講話中，作者運用了不少政治性詞語，還運用了大量的反問句、祈使句和複句，甚至運用了排比、比喻、對偶、引用等修辭手法。

我們再來看一篇《人民日報》的社論：

全面奔小康重點在農村

辭舊迎新的鐘聲剛剛響過，黨中央、國務院就召開中央農村工作會議，研究、部署農業和農村工作，這充分體現了中央把"三農"問題作爲全黨工作重中之重的戰略思想。這次會議按照十六大的部署，對全面推進農村小康建設提出了明確的要求。今後一個時期農村工作的目標、任務已經明確，政策措施十分具體，現在需要全黨全社會行動起來，更多地關注農村，關心農民，支持農業，真正把"三農"問題放在更加突出的位置。

全面建設小康社會，重點和難點都在農村。這是我們的基本國情決定的。我國仍處於社會主義初級階段，初級階段就是不發達階段，農村尤其不發達，全國人口的絕大多數在農村。農村能否完成建設小康社會的各項任務，對全國來說舉足輕重。從總體上看，目前農村的生產力水準不高，農民生活水準比較低，還有幾千萬人尚未擺脫貧困；農村社會事業的發展長期滯後，教育文化和醫療衛生條件亟待改善；城鄉和地區發展不平衡，城鄉差距和地區差距仍有擴大的趨勢。改變農村的落後面貌，推進農村的小康建設，任務艱巨，難度很大。建設現代農業，發展農村經濟，增加農民收入，是全面建設小康社會的重大任務。……

社論是典型的政論語體，其中的政治性詞語更多，複句運用也更爲常見。

三、現代漢語科技語體

（一）現代漢語科技語體的含義

科技語體是與公文語體、政論語體、文藝語體等並列的一種書面語體，它是依據書面語體的語境類型和功能差異所劃分而得到的一類語體。科技語體是隨著科學技術的產生及發展而出現的一種書面語體，它以傳播科技成果爲己任，以傳遞科技資訊爲目標的一種社會活動。那麼，什麼是現代漢語科技語體呢？

現代漢語科技語體是爲適應現代科學技術領域和生產領域的研究、開發和普及的交際需要而形成的一種書面語體，也叫“科學語體”、“知識語體”或“理智語體”等；它主要運用全民語言（也不排斥人工語言，如符號、公式、圖表、照片等）來寫作，對現代社會現象、自然現象以及資訊技術等方面進行科學的分析和歸納，發現並揭示其規律性。

（二）現代漢語科技語體的類別

一般來說，科技知識與信息的傳遞方式基本上是單向式的，也就是說，知識與信息總是從擁有者向著需要者一方的單向流動；而這樣的需要者 ── 讀者群，也有著專家學者與非專家學者的區分，所以，若依據專業性的深淺程度和語言風格，或是從滿足不同的閱讀對象及受眾的角度來看，我們將現代漢語科技語體分爲專門科技語體和通俗科技語體兩大類。

1.專門科技語體

專門科技語體是典型性的科技語體，它是學術專著、學術論文、科學報告、專業教材、技術標準、科技情報文獻等使用的語體。它涉及到自然科學、社會科學等諸多領域。

（1）學術專著。它是作者就某個學術領域或其中的某一方面加以研究論述的專門著作，它區別於科學論文的顯著特點是系統性，即學術論著具有完整的理論框架和體系。例如，《二十世紀的漢語詞彙學》（許威漢著，書海出版社 2000 年版）就是一本學術專著。它對 20 世紀這一百年的詞彙研究進行了系統的、全面的中述，以詞彙和詞彙學為核心，旁及透視語言其他諸要素及其邊緣學科，不違史實，以史帶論，史論結合。全書分上編和下編兩大部分，共十一章：第一章 20 世紀詞彙學的歷史前奏，第二章 20 世紀漢語詞彙學的起步，第三章 20 世紀漢語詞彙學的進展（一），第四章 20 世紀漢語詞彙學的進展（二），第五章"五四"前（1900－）的初步探討，第六章"五四"後（1920－）的初步探討，第七章新中國成立後（1950－）的具體探討（一），第八章新中國成立後（1950－）的具體探討（二），第九章"文化大革命"中的反彈與中衰（1966－），第十章"文化大革命"後的新步伐（1978－），第十一章新時期的拓展與深化（1990 年前後）。

（2）學術論文。它是作者對某一學術領域中的某種問題或現象進行專門探討並及時反映最新研究成果的文章，它既是進行科學研究的一種手段，又是描述科研成果的一種工具。它具有學術性、創造性、科學性和文獻性。例如：

液體在三重介質中滲流的特點是對彈性液體滲流，二類岩塊系統組成不同彈性儲量和傳輸能力的補給"源"；對二

相液體滲流，二類岩塊系統組成不同吸滲性質的液體交換
"源"。根據上述特點，本文研究了液體在滲流過程中三
重介質系統相互作用的性質和規律。（劉慈群《三重介質中
的滲流問題》，《力學學報》）

（3）科學報告。它是以書面的形式向學界或讀者反映自然、
社會及思維等客觀規律及有關信息、知識所做的最新的系統陳述
或報導。科學報告是與其他學者共用各種科學活動的成果，因此，
一份好的科學報告必要至少滿足兩項目標：第一，它必要能清楚
地和完整地陳述獲得結果的過程與其獲得的結果；第二，它必要
能將其結果，關聯到目前已有的學術認知中，且詮釋其持續於此
方面研究的意義與價值。科學報告可以是建議性的，也可以是批
評性的。例如，一家美國媒體為了宣導人們在駕車時使用安全帶，
公佈了一份科學研究報告：

　　科學家在研究了數百起造成司機死亡的車禍後發現，一輛
　　時速 88 公里的汽車從相撞到導致司機死亡只需短短的 0.7
　　秒。大多數車禍中，撞擊發生後的第一個 1／10 秒，汽車
　　前保險杠和 "前臉" 被撞毀；在第二個 1／10 秒，雖然汽
　　車大架已經停下來，但汽車的其他部件仍然在以每小時 88
　　公里的速度前行，這時司機出於本能伸直雙腿支撐，但雙
　　腿在膝關節處斷裂；在第三個 1／10 秒中，方向盤開始破
　　碎，且方向盤軸已接觸到駕駛員的胸腔；在第四個 1／10
　　秒，汽車前輪損毀，車體開始支解；第五個 1／10 秒時，
　　司機的軀體被方向盤軸刺穿，肺部開始出血；第六個 1／
　　10 秒的衝擊來得更加劇烈，汽車大架擠壓成原來的一半大
　　小，駕駛員的頭撞上了擋風玻璃；在第七個 1／10 秒中，

> 方向盤軸、車門斷裂後擠壓著司機，但這已經不會再對司
> 機造成任何痛苦 —— 因為他已經死亡了。

（4）專業教材。它是高等學校或中等專業學校裏按照科學分工或生產部門的分工把學業分成不同的門類並據此編著的有關講授內容的材料。例如：

> 經濟自主主要是指一個國家不受外部勢力控制，獨立自主
> 地發展本國經濟的權力。但是，高科技的發展同樣也使國
> 家的經濟自主權日益受到來自外部的制約。這是因為，科
> 技進步所帶來的生產力的飛躍發展，加深了世界各國之間
> 經濟的相互依存，致使經濟自主權也受到限制。例如，東
> 南亞經濟危機發生後，東南亞國家為獲取美元貸款以渡過
> 難關，不得不接受國際貨幣基金組織提出調整經濟政策的
> 要求。在相互依存的時代，許多國家均採取了對外開放政
> 策，如出讓部分國有土地和資源供外國資本開發使用，就
> 重大科研項目進行國際合作，雙方共用領土、資源與科技
> 成果等。這種情況也可以視為是雙方在國家主權上的部分
> 讓渡與共用。此外，還因為科技進步與生產力的發展，有
> 力地推動經濟集團化。在一些一體化程度較高的經濟集團
> 中，參加經濟集團的主權國家已將其部分重要的經濟自主
> 權讓渡給更高一級的集團決策機構。如歐盟於 1999 年正式
> 啟動歐元，歐洲中央銀行將擺脫任何一國的控制而獨立運
> 作，有權決定歐元的匯率和利率，就是一個說明這一問題
> 的典型例子。（張明明、馬小軍主編《當代國際政治概論》，當代
> 世界出版社 2000 年版）

（5）技術標準。它是為實現最大的社會和經濟效益，制定並

要求貫徹、實施的用來衡量和檢驗生產技術的參數或標準。例如，下面是對三類汽車維修企業關於設備、設施、人員、流動資金條件的技術標準：

業戶配備的設備的型號、規格和數量，生產廠房和停車場的面積，各工種技術工人的數量應與其生產綱領、生產工藝相適應。

設備技術狀況應完好，滿足加工、檢測精度要求和使用要求。計量器具須經計量檢定機構檢定，並取得計量檢驗合格證。

生產廠房和停車場的結構、設施必須滿足專項修理（或維護）作業的要求，並符合安全、環境保護、衛生和消防等有關規定。不准佔用道路和公共場所進行專項修理（或維護）作業和停車。

技術工人須經專業培訓，取得工人技術等級證書，並經交通行業培訓，取得上崗證，持證上崗。

（6）科技情報文獻。它是指科技領域中或其中某一方面的資訊報告，是一種具有歷史價值或參考價值的文獻資料。例如 EI 資料庫，即美國工程資訊公司的《工程索引》（EI），是世界 6 大著名檢索工具之一，它收集有世界上最重要的工程技術類科技期刊 2000 多種，同時收錄一些最重要的研究報告和會議論文，年報導量 20 多萬條文摘。EI 的宗旨是報導世界上工程技術最好的文章，選入的均是世界上工程界最高水準的論文，文摘較為詳盡，且報導文獻的時差短于 3 周。EI 除提供工程技術信息外，還包括政府信息、交通信息、辦公信息等，還提供各種專利、標準、軟體、工程設計的查找，以及美國最大的 18 個大學圖書館的專題文獻查找。

2.通俗科技語體

在現代社會裏，科技的發展與進步越來越離不開全社會的支持和推動，而廣大非專家學者也需要瞭解與掌握一些科技信息與知識，在這種情況下便產生了通俗科技語體。通俗科技語體是旨在推廣和普及科技知識且具有文藝語體特徵的非典型性科技語體，也叫"科普語體"或"科學小品"，如《人類的出現》（李四光）、《向沙漠進軍》（竺可楨）、《現代自然科學中的基礎學科》（錢學森）、《中國石拱橋》（茅以升）、《看雲識天氣》（朱泳燚）等等，都是這類語體的代表之作。請看：

> 語言，也就是說話，好像是極其稀鬆平常的事兒。可是仔細想想，實在是一件了不起的大事。正是因為說話跟吃飯、走路一樣的平常，人們才不去想它究竟是怎麼回事兒。其實這三件事兒都是極不平常的，都是使人類不同於別的高等動物的特徵。別的動物都吃生的，只有人類會燒熟了吃。別的動物，除了天上飛的和水裏遊的，走路都是讓身體跟地面平行，有幾條腿使幾條腿，只有人類直起身子來用兩條腿走路，把上肢解放出來幹別的、更重要的活兒。同樣，別的動物的嘴只會吃東西，人類的嘴除了吃東西還會說話。
>
> （呂叔湘《人類的語言》）

上述一段文字選自《語文常談》，該書是一本普及漢語基礎知識的通俗讀物；由此我們可以看出，通俗科技語體與專門科技語體的主要區別之一是交際對象的不同，通俗科技語體的對象是非專家學者，而專門科技語體的對象則是非專家學者；因此通俗科技語體除了具備科學性之外，還要具有一定的可讀性，即要做到知識性、科學性與趣味性、生動性的和諧統一。

（三）現代漢語科技語體的基本特徵

1.明晰性

科技語體的主要目的是向讀者或受眾傳遞科技信息與知識，因此它的首要條件必須是保證傳遞信息的明晰性，即準確無歧義，這是科技語體的特徵之一。我們知道，任何一種自然語言，都要求簡約，也就是說，它要求用有限的語言單位去表現複雜多樣的客觀事物，由此語言便呈現出多義性，甚至會產生歧義性。比如，日常會話語體中的信息交流和情感互動往往是依靠交際雙方的默契與心領神會，否則便會產生誤解或衝突，即日常會話語體都帶有一定程度的模糊性與多義性。而科技語體卻絕對地排斥模糊性與多義性 —— 追求絕對的單義性，這個特徵也正是專家學者不同于一般人的思維和表達之所在。我們在科技語體中看到的專業術語都是在其學科領域內的客觀事物概念的具體反映，具有嚴格規定的單義性，不能存有兩可的情況。例如，有一種廣譜抗菌素叫複方新諾明，其在藥理學中的科學術語為磺胺甲噁唑（SMZ），意義單一，不會與其他磺胺類藥相混，也不會誤解成別的抗菌素。當然，我們有時會見到不同學科或領域的論文、論著可能用同一詞語，其實它們所包含的概念根本不相同，像語法學上的"形態"和植物學上的"形態"以及人類社會發展史上的"形態"，其意義就截然不同。

2.科學性

科技語體的特徵之一還表現在它的科學性，即大量運用意義精確而單一的科學術語和楔入的非自然語言符號、公式、圖表等。科技語體中的術語專業性很強，與其他語體相比具有很大的閉塞性，即每一學科或領域都有自己獨創的一套術語，即使是同屬科學語體的不同學科之間也極少通用，如果不是內行，一般會有或多或少的閱讀障礙。所以，科技語體對於那些意義未經精確規定的方言俚語或日常生活用語是極力排斥的；此外，科技語體的科學性還體現在非自然語言符號、公式、圖表的配合使用，即科技語體爲了總結和介紹科學技術成果，揭示自然界和人類社會的客觀規律，常常會運用一些輔助語言表達的符號、公式、圖表等，來代替語言的敍述，使表達更具科學性。例如：

①那是因爲石灰水[Ca（OH）$_2$水溶液]與吹入的 CO_2 發生化學反應，生成 $CaCO_3$ 和 H_2O，白色沉澱是 $CaCO_3$。

②$P=\dfrac{w}{t}$

上述兩例中，例①使用了 Ca（OH）$_2$、CO_2、$CaCO_3$ 等化學符號；例②使用了物理公式，式中 w 爲功，t 爲時間，P 爲功率，即在最短時間裏做最大的功，功率可得最高值。

3.系統性

這是科技語體的第三個基本特徵。現代社會中，科技發展日新月異，其內部分工也愈來愈密，在大系統中也包含著若干小系統，即每一個學科或門類之中，同樣也具有系統性，每個術語或符號、公式等都不是孤立存在的，它從屬於自己相對獨立的子系統。而能否正確理解和掌握這個系統性，也正是專家學者與非專家學者的區別之一。只有對某一科技領域或其某一方面較爲熟悉或有一定理解的人，才能夠較好地運用規範的方式來表達自己的思想和觀點。因此，科技語體基本上是在圈內或同行中使用，而對於圈外來說，科技語體中的某些東西簡直成了無法理解的"天書"了。像愛因斯坦的相對論，不是爲普通讀者而寫作的，它的系統性及學術價值是門外漢難以理解的。再如，漢語詞彙能否構成體系，即詞彙是否具有系統性的問題，一直是學界爭論的焦點，1961 年第 3 期《中國語文》曾發表黃景欣的《試論詞彙學中的幾個問題》，認爲詞彙是成體系的，這個體系的建立所根據的標準是詞彙—語法標準；20 世紀 90 年代劉叔新充分發掘現代漢語中的一些結構組織，直至任何一個詞彙單位都沒有遺漏地被網羅進去之後，才正式在他的《漢語描寫詞彙學》一書中宣佈"現代漢語詞彙形成一個體系"，但也指出還是與語音、語法的系統性存在差異。這樣的"詞彙系統"討論也大多局限於語言學者之間，非語言學者由於不熟悉或欠瞭解語言學的表達形式，很難參與此類問題的探討，更不可能寫出有關品質較高的論文或論著了。

　　上面探討了現代漢語科技語體的三個基本特徵。爲了更好地說明現代漢語科技語體的系列特徵，下面我們將分別從詞彙特徵、句法特徵及修辭特徵三個方面來討論專門科技語體和通俗科技語體的不同特點。

（四）專門科技語體的語言運用特徵

1.詞彙特徵

　　（1）科技術語的廣泛使用。專門科技語體一般較多地使用專業術語，這是其顯著的特徵之一；而且科技術語的詞義具有明顯的單義性，這也是傳遞科技信息和語言交際的需要。有時一個詞語作爲普通的語文詞語和科技術語，其詞義也存在差異或很大的不同。例如"結構"、"功能"等，在語言學和生物學中就有不同的解釋。讓我們看看下列語段使用了哪些科技術語：

線粒體（mitochondria）是雙膜構造，外層是外壁，裏面是內壁。內壁向內突出形成很多褶迭，內含有產生能量的酶系，包括三磷酸脂苷（ATP）的合成和還原，碳素化合物的氧化。（劉祖洞、江紹慧《遺傳學》）

上述一段文字分別使用了"線粒體"、"雙膜構造"、"內壁"等科技術語，其只在特定的具體學科或領域使用，即不同學科領域只使用屬於自身的科技術語。再如：

①地球表層系統在諸子系統信息交換程式中，信息不僅可以複製，還可以通過重組而得到增殖，整個地球表層由簡單到複雜的演化都是信息增殖的結果。

②技術商品是一種特殊商品，是商品世界一個重要組成部分，它同實物商品一樣，也具有使用價值和價值。不過，這種商品又有它不同於實物商品的一些特點，最主要的一點，是價值量的決定問題。（張淑智、周彥文《政治經濟學》）

③UNIX 系統採用索引結構存放文件物理塊的地址。即在文件對應的 I 節點中，放有存放物理塊號的索引結構。由對應的邏輯字節偏移量計算出邏輯塊號之後，就可搜索內存 I 節點中的地址索引結構而得到的物理塊號。（張堯學、史美林編著《電腦作業系統教程》，清華大學出版社，1993 年）

④苯的結構是長期以來科學家所研究的重要問題之一，根據實驗的結果，可以證明苯分子中含有六個碳原子和六個氫原子。從分子式看來，苯分子中的碳氫比和乙炔一樣，都是 1：1，應當是一個極不飽和的化合物。但實際上苯的性質與不飽和烴相差很大，例如，苯環很穩定，苯的不飽和性質並不顯著。

（蘇州大學化學系有機化學教研室《有機化學》）

上述幾段文字中，例①屬於信息學，例②屬於政治經濟學，例③屬於電腦學，例④屬於有機化學。這些專業術語不僅可反映某項科學研究所處的時代，同時也能折射出科技語體中所記述的科學成果實際具有的學術水準。

（2）新詞新語的不斷湧現。比如，美國的尼葛洛龐帝的《數位化生存》一書中，有好多新的名詞術語，像比特、數位化、帶寬、多媒體、網路、電子超文本、交互性、時空壓縮為零、虛擬技術、中心消解的邊緣化等等。在專門科技語體中，我們還會看到外來詞出現的頻率越來越高，它們往往以"音譯"、"音譯兼意譯"、"借形"等形式頻頻亮相，如"加侖"、"歐姆"等。甚至一些國際通用詞語（如字母詞等）也成為專門科技語體使用的熱點詞語，如"CT""X光"等。請看下面兩段文字：

⑤按太陽系起源的理論，地球是由低溫的顆粒物質積聚而成的，在吸積的過程中，積蓄了大量的位能。地球形成之後，它所含的放射性物質因衰變而放出大量的熱能。例如，1克鈾^{235}每年要產生4.3卡的熱能；在鈾衰變成鉛的過程中，如果品質減少1克，所產生的熱能達2.2×10^{13}卡之多。這是地球內部熱量的重要來源。（金祖孟、陳自悟《地球概論》）

⑥在2003年的SARS事件中，美國對傳染病的反應和控制有不少地方值得我們參考。由於有了"9·11事件"和"炭疽恐怖"的教訓，美國投入大量資源構建公共衛生防禦網。因此，當2003年3月12日世界衛生組織一發出預警，儘管當時美國尚沒有SARS病例，但他們卻馬

上啟動了全國應急行動方案。

上述兩段文字中，例⑤使用了"吸積"、"位能"、"衰變"等科技術語，其中還有"克"、"鈾"、"卡"等外來詞；例⑥使用了"SARS"（Severe Acute Respiratory Syndromes）這一具有國際性的新詞（世界衛生組織建議使用），其義為嚴重急性呼吸道綜合症。

（3）古語詞的適當使用。科技語體中往往會適當啓用現代漢語詞彙中較少使用的古語詞，借此形成言簡意賅、書面色彩濃郁的風格。例如：

　　⑦監測化合物消失的最準確的辦法莫過於動力學方程式跟蹤法，因它快速、靈敏、不受干擾。（《有機物污染》）

　　⑧在排序問題上，設 x 和 y 是兩個工件，如果 x 必須先於 y 加工，則稱 x 為 y 的超前工件，y 為 x 的後繼工件，記為：x→y。

上面文字中，例⑥使用了"莫過於"、"因"等文言詞語（古語詞）；例⑦使用了"先於"、"則"、"為"等文言詞語。尤其是單音節的詞語如"因"、"則"、"為"等在科技語體中出現的頻率很高。

2.句法特徵

專門科技語體往往需要描述實驗，說明現象，表達事理等等，因此它使用的句式一般固定單一、嚴整而少有變化。這主要表現在兩個方面：

（1）句類以陳述句為主，也配以設問句，基本不用感歎句和祈使句。例如：

　　①該法涉及原子的取代常數和結構常數。（《有機物污染》）

②心臟不停地有節律地收縮和舒張，推動著血液在心血管的管道中往復流動。（《生理衛生》）

③什麼是人的智力？若從常識的觀點看，似乎很容易理解，即一個人是否聰明，或聰明的不同程度（天才或呆笨）。但若要給它一個科學的解釋，就不那麼容易了。

（朱智賢《有關兒童智力發展的幾個問題》）

上述幾個例子中，例①②爲陳述句，例③爲設問句。儘管陳述句在其他語體中也常常出現，但其頻率遠遠沒有專門科技語體高；而設問句在專門科技語體中出現頻率較口頭語體或文藝語體要低得多。

（2）句型以主謂句居多，一般很少用省略句和倒裝句。例如：

④共價鍵是原子間通過共用電子對而形成的化學鍵。

⑤垂直於 X 軸的直線沒有斜率，因爲直角的正切是不存在的。

在上述例子中，例④是主謂句；例⑤是倒裝句，這是由於受到外語語法的影響而在專門科技語體中而使用歐化句式的結果。

此外，複句，特別是多重複句，在專門科技語體中使用較爲廣泛，因爲複句往往表意準確嚴密，易於表達豐富而複雜的內容。尤其是因果複句的使用，會表現出很強的推理性。例如：

⑥因爲電源供給的功率基本上是固定的（EclcQ），所以在加入信號以後，負載所得到的（交變）功率就是原來損耗在管子上的功率所減少的部分。

3.修辭特徵

專門科技語體一般追求表達上的簡明、嚴密等，講究事實的可靠性和論證的邏輯性，而往往不注重語言的藝術效果。因此，在修辭格的選擇和使用上較少見到比喻、反語、誇張、雙關等；但為了使論述富有條理，有時會用些對偶、排比、設問等。例如：

①早期感無力，皮膚及粘膜日益蒼白，活動時感心悸、氣短。

②平行於 X 軸的直線，其斜率＝0（因為a=0）；與 X 軸成銳角的直線，其斜率＞0（因為銳角的正切是正值）；與 X 軸成鈍角的直線，其斜率＜0（因為鈍角的正切是負值）。

上述文字中，例①是對某種病症患者體征的客觀描述，因此不宜使用比喻、誇張等修辭手法；例②中使用了排比句式，表現出科技語體嚴密的邏輯性，不過其出現的頻率較低。

（五）通俗科技語體的特徵

通俗科技語體一般的讀者對象是非專業人員或者是對該研究領域欠通曉的受眾。通俗科技語體主要在普及性的通俗科技讀物中使用，即它是為廣大人民群眾普及科技知識服務的。通俗科技語體除了具備前述專門科技語體的某些特徵外，所獨具的一個最重要的特徵就是可讀性，即語言通俗易懂、深入淺出。可以說，通俗科技語體是趣味性與知識性的和諧統一、通俗性與科學性的和諧統一。因此，通俗科技語體在詞彙特徵、句法特徵及修辭特徵方面也有別於專門科技語體：

1.詞彙特徵

通俗科技語體常常從人們司空見慣的生活現象入手來講解科學知識，在詞彙方面少用或基本不用科學術語，甚至有時以一般詞語或日常口語詞彙來替代科學術語；即使不得已用了專門的科技術語，往往也要加以詳解。例如：

①大約 1000 萬萬顆以上的恒星組成一個鐵餅形狀的東

西，我們把它叫做銀河系，太陽也在其中。從地球上望出去，銀河就像一個環，套在地球周圍。（鄭文光《宇宙裏有些什麼》）

②二氧化碳和水在合成車間 —— 葉綠體裏，發生奇妙的變化。葉綠體是葉綠素和蛋白質等組成的小顆粒，一個葉肉細胞裏，一般含有 20 至 100 個。葉子的綠色就是它們的顏色。葉綠體吸收了太陽的光能，就把二氧化碳和水合成為含有高能的有機物質（主要是碳水化合物），同時放出廢氣 —— 氧，由氣孔排出。這就是赫赫有名的光合作用。看來很簡單，實際上是一個非常複雜的過程。（《食物從何處來》）

上述兩段文字中，儘管分別使用了科學術語"銀河系"與"光合作用"，它們並未像專門科技語體那樣對此下定義，而是採用了詮釋的說明方法。

2.句法特徵

通俗科技語體的句式較專門科技語體更為靈活多樣。例如：

①哪裏知道，這條天河淹沒了 1000 萬萬顆以上的星星啊！1000 萬萬，你一口氣數下去，得數 1000 多年！（鄭文光《宇宙裏有些什麼》，下同）

②這就是整個宇宙嗎？不，這還只是構成宇宙的一個微不足道的小點點。

③讓我們把目光投向無窮無盡的宇宙。

上述幾個例子中，例①使用了感歎句，例②使用了設問句，例③使用了祈使句，這樣使得文章語言生動活潑，更具可讀性。

3.修辭特徵

通俗科技語體在修辭格的選擇和使用上也有別於專門科技語體，因其追求的是通俗、明快的風格，所以通俗科技語體往往會使用一些在科技語體中不常使用的修辭格，如比喻、擬人、排比等，以增強對廣大讀者的吸引力。例如：

①從地球上望出去，銀河就像一個環，套在地球周圍。這是一個美麗的環，當它一半沒在地平線下，另一半橫過天空的時候，人們就說，這是一條天河，它把多情的織女和牛郎隔開了。（鄭文光《宇宙裏有些什麼》）

②那最輕盈、站得最高的雲，叫卷雲。這種雲很薄，陽光可以透過雲層照到地面，房屋和樹木的影子依然很清晰。（朱泳燚《看雲識天氣》）

③杏花開了，就好像大自然在傳語要趕快耕地；桃花開了，又好像在暗示要趕快種穀子。布穀鳥開始唱歌，勞動人民懂得它在唱什麼："阿公阿婆，割麥插禾。"（《大自然的語言》）

上述文字中，例①使用了比喻，例②使用了擬人，例③使用了排比，這樣能將抽象複雜的事物變得通俗易懂，生動有趣，即寓科學性、知識性於形象性、生動性之中。

四、現代漢語文藝語體

（一）現代漢語文藝語體的內涵及基本特徵

現代漢語文藝語體是適應文學藝術領域的創作需要而形成的言語體式。

　　文藝語體是一種比較特殊的語體，同口語語體、公文語體、政論語體、科技語體都有一定的差異，它主要是借助形象思維，通過藝術形象來反映客觀世界和社會生活，表達作者的思想感情；而其他幾種語體則主要是借助邏輯思維，直接用語言文字向聽讀者傳遞信息、說明道理。各種類型的文藝作品所使用的言語體式均屬於文藝語體。

　　現代漢語文藝語體具有鮮明的特徵，主要表現爲：

1.描述語言的形象性

　　文藝語體主要是通過藝術形象反映客觀世界和社會生活，表達作者的思想感情，這就要求其描述語言具有形象性。

　　我們來看下面這一段：

　　　　雪山日出，比平地來得早。當紅日從萬山叢中冉冉升起，萬道霞光染紅天空的時候，那銀白色的雪山，好象少女點上胭脂的面頰，顯得格外嬌嫩。當紅日的萬道金光射到冰峰上的時候，又像給銀光閃閃的冰峰戴上了鍍有黃金的桂冠。在夜雪晨晴、雲霧彌漫的時候，雪峰高出浮雲之上，你仿佛踏上浮雲，向雲海飄然而去，去追趕那初升的旭日。當紅日高照，雲海漸消時，你又會感到像巨龍奔騰，遨遊山谷。就在這時光，你也許會聽到一聲巨響，這響聲猶如山崩地裂，遠達幾十裏地；隨後，只見雪山上亂石崩雲，雪花舞飛。那一堆堆崩起的雪柱，猶如海上龍捲風卷起的水柱，在雪山上開放著朵朵沖天銀花，這就是雪山日出時罕見的雪崩。（節選自張孟良的《雪山景物記》）

　　在這段描寫中，作者爲了展示雪山日出時的美麗景象，喚起人們對大自然的熱愛，對這片土地的熱愛，對生活在這片土地上的人們的熱愛，調動了幾乎全部可以使用的形象化詞語：既描繪了靜止的景：山、峰、谷，又摹寫了變化的景：日升、霞飛、霧漫、雲消、雪崩，從而把雪山日出時特有的奇偉瑰麗的景象描繪得形神畢肖，如在眼前。很顯然，這段描寫是成功的，其成功的關鍵就是形象化詞語的運用。

構成形象化詞語的，除了大量的中性化詞語之外，還有一部分自身帶有濃烈的形象色彩的特殊詞語 —— 藝術詞藻，這些極富感染力的藝術詞藻，更是強化了文藝語體描寫語言的形象性。

我們再來看下面兩段：

> 向南遠望，就可以看得出衢州的千岩萬壑和近鄉的煙樹溪流，這又是一幅王摩詰的山水橫額。溪中岩石很多，突出在水底，了了可見，所以水上時有漩紋，兩岸的白沙青樹，倒影水中，和漩紋交互一織，又像是吳綾蜀錦上的縱橫繡跡。（節選自《郁達夫遊記》）

> 去年，在中國畫研究院成立的盛典上，他的年事僅在銀鬚齊胸的朱屺瞻之下，眉發皆白，豁達大度。……在鋪展著一張丈二匹宣紙的巨案前，老人拿起筆，飽蘸濃墨，一筆下去，即出現一尊拔地摩天的奇峰；幾筆下去，眼下已是雄峻蒼鬱的黃嶽峰海；接著，他盡情揮灑，嵐碧青松，爭秀林泉，竟躍紙上。（節選自高瑜《藝術大師劉海粟》）

在這兩段簡短的描寫中，運用了“千岩萬壑、白沙青樹、吳綾蜀錦、縱橫繡跡”以及“拔地摩天、雄峻蒼鬱、黃嶽峰海、嵐碧青松、爭秀林泉”等藝術詞藻。這些詞藻凝練、典雅、華麗、形象，感染力強，從而使描寫大放異彩。

2.平常詞語的藝術化

追求平常詞語的藝術化也是文藝語體區別於其他語體的一個重要的特徵。

所謂平常詞語的藝術化，就是把平常詞語運用到某個特定的語言環境中，使之產生不平常的藝術效果。平常詞語藝術化的途徑是多種多樣的。但是目的都在於爲特定的語言環境選擇最恰當的一個詞語。

例如，海邊有的是各種奇形怪狀的礁石。這礁石硬得跟鐵差不多，怎麼會變成這個樣子的？是天生的，還是鑽子鑿的？還是怎麼的？楊朔散文《雪浪花》中所描寫的老漁民老泰山說："是叫浪花咬的。"有個年輕的姑娘不相信：浪花也沒有牙，怎麼會"咬"？要是浪花能"咬"，怎麼濺到她身上，感覺不到痛呢？這也是其他讀者疑惑之處。老泰山卻回答說："別看浪花小，無數浪花集在一起，心齊，又有耐性，就是這樣咬啊咬的，咬上幾百年，幾千年,幾萬年,哪怕是鐵打的江山,也能叫它變個樣兒。"文中的"咬"原本是一個普普通通的俗詞，但在這裏卻被作者藝術化了，任何一個動詞均無法替代它，因爲它既通俗，富有生活氣息，又形象，還帶點俏皮，是擬人化的寫法，還富有生活哲理。

我們在第三章"詞語修辭 — 詞語的錘煉"中曾經援引的幾位古代詩人"練字"的故事，其實也是在追求平常詞語的藝術化，這裏就不再贅述了。

3.人物語言的個性化

追求人物語言的個性化，[1]也是文藝語體區別於其他語體的一

---

1 參見曹煒、甯宗一著《〈金瓶梅〉的藝術世界》，文史哲出版社，2002年。

個顯著的特點。

　　所謂人物語言的個性化，就是通過人物自己所說的話語，來展現他獨特的性格、教養、人生觀、價值觀等。

　　位居明代四大奇書之首的《金瓶梅詞話》是我國古代長篇小說中在人物語言個性化方面做得最爲成功的作品之一，不用說一些主要角色，如潘金蓮、龐春梅、吳月娘、李瓶兒、孟玉樓、西門慶、應伯爵、玳安兒之屬，就是一些次要人物，如 3 個媒婆：王婆、文嫂、薛媒婆等，其人物語言也各具個性，誠如劉廷璣在其《在園雜誌》中所稱道《金瓶梅詞話》的“凡寫一人，始終口吻，酷肖到底，掩卷讀之，但道數語，便能默會爲何人。”

　　同樣，曹禺的話劇之所以深受好評，就是因爲其爲各類人物設計的臺詞極具個性化，以致於人們只要聽到某句臺詞就知道是曹禺話劇中的某位人物在說話。[2]

（二）現代漢語文藝語體的類別

　　現代漢語文藝語體可以分爲散文語體、韻文語體和戲劇語體三大類。

　　其中散文語體與韻文語體不同的是：

　　（1）言語性質不同。散文語體是由加工了的自然言語構成的，人們一看一聽都明白是什麼意思；而韻文語體則是由加工了的非自然言語構成的，人們一看一聽並不能準確或全部瞭解作者的意思。

　　（2）言語的構成形式不同。散文語體一般是由敍述語言和人

2　參見朱棟霖著《論曹禺的戲劇創作》，人民文學出版社，1986 年。

物語言構成的，前者一般在規模上要大於後者；而韻文語體一般沒有人物語言，敍述語言也是非自然語言。

（3）聲韻上的要求不同。散文語體在聲韻上沒有刻意的劃一的要求，而韻文語體則要求押韻，並盡可能體現平仄的錯綜有致。

而散文語體與戲劇語體不同的是：

（1）言語的構成形式差異較大。散文語體一般式由敍述語言和人物語言構成的，前者一般在規模上要大於後者；而戲劇語體則主要是由人物語言構成的，敍述語言極少，兩者不可同日而語。

（2）相同的構成要素也存在著差異。散文語體的人物語言就是人物之間的對白，比較單一；而戲劇語體的人物語言除了人物之間的對白外，還有人物自己對自己說的所謂獨白。同時，散文語體的敍述語言是經過加工過了的自然語言，是流暢的；而戲劇語體的敍述語言中，作為背景交代和過渡的敍述語言，則是跳躍的，類似電報句，沒有起承轉合的，而起補充情節作用的旁白則又帶有口語的特點。

而韻文語體與戲劇語體的不同則是：

（1）聲韻上的要求不同。戲劇語體在聲韻上沒有刻意的劃一的要求，而韻文語體則要求押韻，並盡可能體現平仄的錯綜有致。

（2）言語的構成形式不同。戲劇語體主要是由人物語言構成的，敍述語言極少，兩者不可同日而語；而韻文語體一般沒有人物語言，敍述語言也是非自然語言。

1 散文語體

屬於散文語體的有小說、報告文學、散文、特寫等。

散文語體由兩種不同性質的言語形式構成：人物語言和敍述語言。

（1）人物語言

散文語體的人物語言主要是用來塑造人物形象的，而要讓作品中的人物形象站得起來，就得爲人物量身定做反映其鮮明個性的獨特的人物語言。成功的人物語言可以獨特到只有這個人物才能說出這些話，能說出這些話的，一定是這個人物；可以獨特到作品中這個人物想說些什麼，可以不受作者掌控，作者不讓他說或不讓他這樣說都已經不行了。如《金瓶梅詞話》的作者爲其愛恨交加的人物潘金蓮所設計的那些人物語言，有時確實很可恨，但更多的時候是非常可愛，要比吳月娘、孟玉樓、龐春梅等可愛得多；而且這些話，只有潘金蓮才會說，龐春梅不屑說，李瓶兒羞于說，吳月娘懶得說，孫雪娥不敢說。又如《紅樓夢》中爲林黛玉、賈寶玉、薛寶釵設計的那些奇妙的對白，真可謂千古一絕。

人物語言除了用來刻畫人物的性格特徵這個主要功用之外，它實際上還可以兼具其他功能。

常見的第一種功能是評價導向功能。即直接通過作品中的人物之口去評品人物，通過不同人物對同一人物的評價，來揭示被評說的這個人物的人品、志趣、教養、個性等。如《金瓶梅詞話》在塑造潘金蓮這個人物形象時，就通過其母親潘姥姥、西門慶、吳月娘、李桂姐、孫雪娥、玳安兒等人在背後對她的評價，來反映其獨特的性格特徵。[3]

常見的第二種功能是插敍、補敍功能。即通過作品中的人物語言去立體展現發生在同一時間的事件或者去彌補前面的情節敍述中故意未交待的後話。在散文語體中最早使用這一手法的還是

---

3 參見曹煒著《〈金瓶梅〉文學語言研究》（修訂本），暨南大學出版社，2004 年。

要數《金瓶梅詞話》。

　　《金瓶梅詞話》敍述的主線基本是西門慶的飲食起居應酬交往活動，而有許多事情，主要是勾搭別人妻女的事情，則是由玳安兒依照西門慶的旨意去具體操作的。作者的大手筆之一就在於，在敍述西門慶的主要活動時，往往安排玳安兒出場，由西門慶通過小聲吩咐、耳語、使眼色等手法，去代替西門慶向那些他意欲勾搭的女性傳話、試探或約會。爾後在西門慶與那些女人廝混之前，再通過玳安兒之口，插敍他當初領命之後的所作所為及當事人的反映。這是人物語言的插敍功能。

　　《金瓶梅詞話》的作者有時為了設置懸念，故意先敍述事情的經過，而將事情發生的原因秘而不宣，待事情過去了，再找機會補上，而有時，這種補敍就是由人物語言來完成的。如作品中寫西門慶與吳月娘有一次重歸於好後，潘金蓮等就籌宴慶賀，席間歌女彈唱了一首《南石榴花·佳期重會》，遭到西門慶責怪，當時在場的人都不知所以，讀者也不知道個所以然。後來西門慶在孟玉樓房中評述潘金蓮、李瓶兒的性格差異時就又點到了前面發生的歌女唱曲的事情，認定必是潘金蓮所為，此時的孟玉樓還是茫然，便追問這曲子"怎的說"，西門慶解釋道，點唱這支曲子是有用意的，實際上是嘲諷吳月娘嘴硬骨頭酥，設計騙取了西門慶的感動，而西門慶也是個容易上當的傻瓜。至此，前面的懸念才渙然冰釋。這是人物語言的補敍功能。

　　（2）敍述語言

　　散文語體的敍述語言與人物語言大相異趣。如果說，人物語言因為要考慮切合人物性格的因素，作者是沒法隨心所欲地施展自己的語言才華的話，那麼，敍述語言就給作者語言才華的施展、語言運用理念的實踐，提供了一個海闊天空的舞臺。所以，我們以爲，看作者在遣詞造句上的本領，看作者在語言運用上的追求，乃至於看作者的語言風格，主要是看敍述語言，學界多謂魯迅作品語言的凝練深刻，孫犁作品語言清新明麗，沈從文作品語言的古樸典雅，實際上主要說的也是敍述語言。而所謂詞語的運用、句式的選擇、修辭手法的選用，幾乎全部是在敍述語言層面發生的事件，人物語言中即使有也是零星的、有限的，如讓一個人物開口比喻、閉口誇張，滿口華美的詞藻、詩賦一般的言談，這樣的人物語言是毫無生活氣息，也是毫無生命力的，所塑造的人物也是站不起來的。

1.動詞、形容詞的精選

　　動詞、形容詞的精選是散文語體敍述語言中經常看到的景象。坊間舉濫了的魯迅在塑造孔乙己這個形象時巧選動詞的用例、在塑造祥林嫂這個人物時精選形容詞、動詞的用例，自不用說了。動詞、形容詞之所以受到作者的青睞，是因爲在敍述具體事件時，總是先要對事件發生的時間、處所進行描寫，這時就得使用形容詞，接著就得對事件中人物的動作、行爲進行描寫，這時就得使用動詞，高明的作者還會對事件發生、發展過程中，表現在人物身上的細節加以描寫，這時又會用到動詞、形容詞。有時候，寥寥數語，這人物就躍然紙上，而這寥寥數語如果均由名詞構成，那就等於沒有骨架的軀幹，太軟太弱，立不直，站不穩，怎麼可能使人物躍然紙上？所以非得用動詞不可。動詞一上，這人物的精氣神就來了，人物就活了。這就見出動詞的重要性了。中國當代的作家中，有些是很擅長在動詞、形容詞的運用中顯示出別人所沒有的慧眼的，賈平凹是一位，莫言是一位，前者是個多面手，後者尤長於形容詞的妙用。

2.修辭手法的巧妙運用

幾乎沒有一個散文語體的作品不使用修辭手法，如比喻、比擬、通感、誇張、反語、雙關、婉曲等，都是少不了的。但是，真正用得好的，用得出神入化的，用了之後老是讓人津津樂道的，則不是很多。如朱自清的散文語體作品中對比擬、通感的運用，常被人引爲經典；魯迅作品中對反語、婉曲的運用，也常被人引爲圭臬。其他，如《金瓶梅詞話》中的析字，《紅樓夢》中的雙關，也常爲人所樂道。而在一部作品中，如此集中、如此頻繁地運用比喻、誇張，而且用得驚天地、泣鬼神的，當屬錢鐘書的《圍城》了。由於錢氏的比喻、誇張用得過於出人意料，匪夷所思，卻又回味無窮，所以，有那麼一二本討論錢氏《圍城》修辭手法的小書，可能擔心自己的評述分析語言相比之下過於低拙的緣故，幾乎不作賞析，而是貼一個標籤，爾後就剪貼上摘自《圍城》中的引例。如此一來，就成了《圍城》修辭手法用例集錦之屬，由於佳例數量眾多，加上一例多用，篇幅倒也可觀，倒還不如直接看《圍城》原著了。《圍城》所用比喻之特殊，並非特殊在比喻的本體的選擇，而是特殊在比喻的喻體的選擇，由於喻體的選擇往往出人意料，如將穿著暴露的女人比作"熟肉鋪子"，將女人塗了過濃胭脂的嘴唇比作"殺人案中血淋淋的線索"，將大學裏的教授、副教授、講師分別比作"夫人、如夫人、同房丫鬟"等等，所以作者往往會用一個或多個句子，給予必要的補充說明，讓讀者暸解本體與喻體的相似之處，這就是所謂的喻解，而且多是延伸式喻解。

2.韻文語體

屬於韻文語體的有詩歌、唱詞、曲藝等。

韻文語體的言語形式迥異於散文語體，是一種非自然語言。坊間曾流傳著這麼一個說法："南昌八一舉軍旗"不是好詩句，因爲詞語組合上太中規中矩，無詩味；"軍旗八一舉南昌"才是好詩句，因爲詞語組合上奇峻突兀，有詩味。

韻文語體的言語形式表面看來，是夢囈一般的話語，類似於太空語言，不知所述爲何，但細細品味，個中卻蘊含作者的細膩情愫和人生感悟。

我們來看下面這首新詩：

> 你，／一會看我，／一會看雲。／我覺得，／你看我時很遠，／你看雲時很近。（顧城《遠和近》）

這首詩，共用了 10 個再平常不過的詞：你、一會、看、我、雲、覺得、時、很、遠、近。對這些詞的理解，小學生都不會有障礙。但在日常生活中，誰如果這樣去跟家人或友人說，那結果很有可能被急送醫院神經內科求診，或直接被送精神病醫院隔離治療。然而，誰也不能否認，這是一首好詩，好就好在，作者借助"一會看我一會看雲的你"、"看到了你看我時的神態和看雲時的神態的我"、"雲"這三個意象，將抽象的"咫尺天涯"、"天涯咫尺"具象化了，而且傳達得含蓄，蘊涵更爲豐富，因爲無論是"咫尺天涯"還是"天涯咫尺"，只有"你"和"我"，而沒有"雲"。

現代漢語韻文語體的最大特點之一是語義上的偏離。實現這種偏離的手段主要有：借助普通詞語構成的意象，通過隱喻、象徵、暗示等手法來間接表達豐富的意蘊。

我們來看下面這首新詩：

撐著油紙傘，獨自／彷徨在悠長、悠長／又寂寥的雨巷，／我希望逢著／一個丁香一樣地／結著愁怨的姑娘。／她是有／丁香一樣的顏色，／丁香一樣的芬芳，／丁香一樣的憂愁，／在雨中哀怨，哀怨又彷徨；／她彷徨在這寂寥的雨巷，／撐著油紙傘／像我一樣，像我一樣地／默默彳亍著／冷漠、淒清，又惆悵。／她默默地走近，走近，又投出／太息一般的眼光／她飄過／像夢一般地，／像夢一般地淒婉迷茫。／像夢中飄過／一枝丁香地，／我身旁飄過這個女郎；／她默默地遠了，遠了，／到了頹圮的籬牆，／走盡這雨巷。／在雨的哀曲裏，消了她的顏色，／散了她的芬芳，／消散了，甚至她的／太息般的眼光／丁香般的惆悵。／撐著油紙傘，／獨自／彷徨在悠長、悠長／又寂寥的雨巷，／我希望飄過／一個丁香一樣地／結著愁怨的姑娘。（戴望舒《雨巷》）

戴望舒的《雨巷》借助普通詞語構成了三個意象：狹窄陰沉的雨巷、在雨巷中徘徊的獨行者、像丁香一樣結著愁怨的姑娘，通過象徵性的手法委婉含蓄地表達了作者迷惘感傷又有所期待的情懷，並給人一種朦朧而又幽深的美感。

有學者將新詩的這種語義上的偏離總結為語義的複合、語義的換位，語義的轉移等三大類。所謂語義的複合，指的是意象的複合性和同指性；所謂語義的換位，指的是語義的相互滲透，以實現你中有我，我中有你，彼此融合，達到詞語意義的溢出；所謂語義的轉移，指的是詞語意義的變異，依據變異的途徑和方式又可以分為比喻性轉移、幻覺姓轉移和情緒性轉移三種情形。這種對新詩詞語運用上語義的偏離的解釋很具體，又具有可操作性，可以作爲新詩語義偏離的解讀方法之一。

其實，新詩詞語的語義偏離是新詩得以生存的基礎，否則，新詩將味同嚼蠟，毫無詩意可言。

我們來看下面這首詩：

> 我是天空裏的一片雲／偶爾投影在你的波心——／你不必訝異，／更無需歡喜——／在轉瞬間消滅了蹤影。／你我相逢在黑夜的海上，／你有你的，我有我的，方向；／你記得也好，／最好你忘掉，／在這交會時互放的光亮！
>
> （徐志摩《偶然》）

這是徐志摩寫給他的第一個戀人林徽因的一首著名的情詩。寫得是徐志摩與林徽因在海輪上的第一次邂逅。按照這首詩最後三句的意思，好像詩人是在請求對方"忘掉"，然而從全詩來看，作者的意圖正好與詩句所言相反，不僅表達了自己對這次偶然邂逅的美好時光難以忘懷，而且也希望對方記住這段情緣。從詞語語義的偏離角度而言，這可是偏離得遠了，偏離到反面去了。但這就是詩的語言，作者總是盡可能地不讓自己的情感和思想站出來直接表述，而是讓它們躲藏在精心設置的各種意象中，拐彎抹角、迂迴曲折地間接表述出來。

現代漢語韻文語體的另一個特點是對自然語言語法規則的突破。也就是說，詩中的語句，若按照自然語言的語法規則，都是屬於有語病的句子。

我們來看下面這首新詩：

> 綠色的火焰在草上搖曳，／他渴求著擁抱你，花朵。／反抗著土地，花朵伸出來，／當暖風吹來煩惱，或者歡樂。

／如果你是醒了，推開窗子，／看這滿園的欲望多麼美麗。／藍天下，為永遠的謎蠱惑著的／是我們二十歲的緊閉的肉體，／一如那泥土做成的鳥的歌，／你們被點燃，捲曲又捲曲，卻無處歸依。／呵，光，影，聲，色，都已經赤裸，／痛苦著，等待伸入新的組合。（穆旦《春》）

　　這首詩中的語句，從自然語言的語法規則來看，絕大部分是有語病的，有些句子甚至病得很嚴重，很畸形，病入膏肓，無藥可醫。全詩無法對譯，若將詩句一一直譯成自然語言中的句子，那就如同看精神病人創制的外星人語言文字，不知所云。但是，這是一首詩意盎然的好詩，請看詩評者的如下點評：這首詩精心選擇了三組不同色調的詞語。第一組是強烈而有動感的詞，如火焰、搖曳、渴求、擁抱、反抗、伸、推、點燃等；第二組是靜態的詞，如綠色、土地、看、歸依等。這兩組詞顯示的是草與花朵的對立，春天內在的對立；也是"醒"與"蠱惑"的對立，是人生青春期燥動的欲望與詩人沉思形象的對立。"窗子"是一種媒介，它分隔又聯繫了"欲望"與"看"，從而帶來第三組體現著張力共存的詞語：緊閉、捲曲、組合。這三組詞語相互交織，組構了詩歌的基本框架，也奠定了詩歌沉摯、堅實、富有現代感的抒情基調，緊湊而充滿張力的語言以及飽滿的節奏和集中的意象。

　　看了詩評者的點評之後，恐怕還是覺得有點玄乎。然而，這就是詩。古人早就有言在先：詩無達詁。其實，簡單地說，穆旦這首詩就是寫出了春天來臨之際他所感受到的天地人世間的種種欲望與躁動。

　　現代漢語韻文語體的最後一個特點就是對聲韻美感的追求，這也是它被稱作韻文語體的形式上的標誌。

　　所謂韻文語體的形式標誌，指的主要是押韻的安排。好的新詩在形式上都有押韻的追求，以展現詩的形式美，音韻美。

　　我們來看下面這首新詩：

　　　　我如果愛你 ── ／絕不像攀援的凌霄花，／借你的高枝炫耀自己；／我如果愛你 ── ／絕不學癡情的鳥兒，／為綠蔭重複單調的歌曲；／也不止象泉源，／常年送來清涼的慰籍；／也不止象險峰，／增加你的高度，／襯托你的威儀。／甚至日光。／甚至春雨。／不，這些都還不夠！／我必須是你近旁的一株木棉，／作為樹的形象和你站在一起。／根，緊握在地下；／葉，相觸在雲裏。／每一陣風吹過，／我們都互相致意，／但沒有人／聽懂我們的言語。／你有你的銅枝鐵幹，／象刀，象劍，也象戟；／我有我的紅碩花朵，／象沉重的歎息，／又象英勇的火炬。／我們分擔寒潮、風雷、霹靂，／我們共享霧靄、流嵐、虹霓。／仿佛永遠分離，／卻又終身相依，／這才是偉大的愛情，／堅貞就在這裏：／愛／不僅愛你偉岸的身軀，／也愛你堅持的位置，／足下的土地。（舒婷《致橡樹》）

　　這是一首優美、深沉的抒情詩，它所表達的愛，不僅是純真、炙熱的、而且是高尚、偉大的。它象一支古老而又清新的歌曲，撥動著人們的心弦。全詩押“齊”韻，顯得纖細、纏綿、悠長，恰到好處地烘托出了戀愛中的女性的細膩的情感。

　　有的新詩在押韻上還不是一韻到底，中間還根據內容換韻。我們來看下面這首新詩：

　　　　有的人活著／他已經死了；／有的人死了／他還活著。／
　　　　有的人／騎在人民頭上：“啊，我多麼偉大！”／有的人

／俯下身子給人民當牛馬。／有的人／把名字刻入石頭想不朽；／有的人／甘心做野草，等著底下的火燒。／有的人／他活著別人就不能活；／有的人／他活著為了多數人更好地活。／騎在人民頭上的，／人民把他摔垮；／給人民做牛馬的，／人民永遠記住他！／把名字刻入石頭的，／名字比石頭爛得更早；／只要春風吹到的地方，／到處是青青的野草。／他活著別人就不能活的人，／他的下場可以看到；／他活著為了多數人更好地活著的人，／群眾把他抬舉得很高，很高。（臧克家《有的人——紀念魯迅有感》）

詩人用富含哲理的詩句熱情地歌頌了“俯首甘為孺子牛”的魯迅先生。全詩換了 4 次韻，依次為：歌韻、麻韻、豪韻、候韻等，還運用了隨韻中包含交韻的押韻方式。

3.戲劇語體

話劇、歌劇、地方戲、影視等所運用的言語都屬於戲劇語體。

戲劇語體所運用的言語主要可分為兩個部分：一是舞臺說明語言，二是人物語言。這兩部分在語言運用上的特點是大不相同的。

（1）舞臺說明語言

舞臺說明語言，指的是戲劇作者提供的舞臺指示語言，主要有舞臺說明用語、背景介紹用語、人物動作、神態描寫用語，旁白用語、畫外音用語以及其他敘述語言等。

如在《原野》裏，劇作家曹禺就為人物出場設計了獨特的環境描寫用語，從而營造了奇異詭譎、甚至是恐怖神秘的舞臺氣氛：暮秋的原野，黑雲密匝匝遮滿了天空，低沉沉壓著大地。猙獰的雲，泛著幽暗的赭紅色，在亂峰怪石的黑雲堆中點染成萬千詭異豔怪的色彩。在大星的家裏，也是陰沉可怖的氣氛：焦閻王半身像透露著殺氣，供奉的三頭六臂的神像，也是猙獰可怖。“在這裏，恐懼是一條不顯形的花蛇，沿著幻想的邊緣，蠕進人的血管，僵凝了裏面的流質。”最後一幕，黑林子裏，黑幽幽潛伏著原始的殘酷和神秘。粼粼的水光，猶如一個慘白女人的臉，突起的土堆，埋葬著白骨。“這裏蟠踞著生命的恐怖，原始人想像的荒唐，於是森林裏到處蹲伏著恐懼，無數的矮而胖的灌樹似乎在草裏潛藏著，像多少無頭的餓鬼，風來時，滾來滾去，如一堆一堆黑團團的肉球。”

這些人物活動的背景介紹描寫讓人感到驚異而恐怖。

我們再來看下面這一段：

花金子（低聲地）：我要走了呢？

仇虎（扔下帽子）：跟著你走。

花金子（狠狠地）：死了呢？

仇虎（抓著花氏的手）：陪著你死！

花金子（故意呼痛）：喲！（預備甩開手。）

仇虎：你怎麼啦？

花金子（意在言外）：你抓得我好緊哪！

仇虎（手沒有放鬆）：你痛麼？

花金子（閃出魅惑，低聲）：痛！

仇虎（微笑）：痛？——你看，我更——（用力握住她的手）

花金子（痛得真大叫起來）：你幹什麼，死鬼！

仇虎（從牙縫裏迸出）：叫你痛，叫你一輩子也忘不了我（更重了些）！

花金子（痛得眼淚幾乎流出）：死鬼，你放開手。

仇虎（反而更緊了些，咬著牙，一字一字地）：我就這樣抓緊了你，你一輩子也跑不了。你魂在哪兒，我也跟你哪兒。

花金子（臉都發了青）：你放開我，我要死了，醜八怪。

（仇虎臉上冒著汗珠，苦痛地望著花氏臉上的筋肉痙攣地抽動，他慢慢地放開手。）

（節選自曹禺《原野》）

例中括弧裏的就是人物動作、神態描寫用語。

戲劇語體中的舞臺說明語言，由於充當的是配角，起陪襯作用，並非是戲劇語體所用語言的主體部分，所以作者在這個上面只是把話語說清楚，並不花太多的力氣，像《原野》這樣的舞臺指示用語已經屬於多的了。這樣，就使得舞臺說明語言呈現兩大特色：一是用詞用語的口語化、簡明化，二是大量使用電報句、無主句、獨詞句。

（2）人物語言

戲劇中的人物語言，也即人物的臺詞。這是戲劇語體所用語言的主體部分，所以，我們通常所說的戲劇語言一般就是指臺詞。臺詞是劇本中人物所說的話語，是劇作者用以展示劇情、刻畫人物、體現主題的主要手段，也是戲劇語言的基本成分。

戲劇中人物的臺詞主要有兩種：對白和獨白。有人把旁白也作為人物的臺詞之一，是不可取的，旁白本質上是舞臺指示用語之一，不過是由人說出來而已。

對白，是戲劇中舞臺上人物之間的對話，也是戲劇臺詞的主要形式。獨白，是由人物在舞臺上沒有對話者的情況下獨自說出的臺詞，它是從西方古典悲劇發展而來的，在西方文藝復興時期的戲劇中廣泛使用。獨白是把人物的內心想法和情感直接傾訴給觀眾的一種戲劇藝術手法，往往用於人物內心活動最劇烈、最複雜的場合。

戲劇臺詞的語言特點極爲鮮明，主要表現在臺詞的個性化和臺詞的動作性兩個層面。

在文藝語體中，戲劇語體的人物語言，即臺詞，是最講究個性化的，因爲戲劇中人物形象的塑造只能依靠人物自己的臺詞和行動來完成，而且必須是在有限的時間和空間裏完成，這兩個因素對戲劇臺詞的個性化提出了極高的要求。

要使臺詞個性化，首先必須根據人物的出身、年齡、職業、教養、經歷、社會地位以及所處時代等等特點，把握人物的語言特徵，避免千人一面。不同的人，都有其說話的獨特方式：老年人與中年人不同，中年人與青年人不同，性情粗暴的人與性情溫和的人不同，工人與農民不同，文化程度高的與文化程度低的不同，輕浮的人與深沉的人不同，幽默的人與憂鬱的人不同，坦率開朗的人與陰險狡詐的人不同……形形色色，不一而足。好的臺詞就會體現人物的年齡、性別、職業、地位、情趣的獨特性，從而顯示人物的性格特徵。如在《茶館》中，唐鐵嘴一上場第一句話就是：“王掌櫃，捧捧唐鐵嘴吧！送給我碗茶喝，我就先給您相相面吧！手相奉送，不取分文！”活靈活現地表現出一個油滑而又可憐的江湖相士的嘴臉。這幾句臺詞似並未過度雕飾，但極爲本色，非該人物莫屬。這就是高度個性化的臺詞。

其次，臺詞的個性化還要求作者牢牢把握人物性格的發展，把握戲劇情節的變化，把握人物錯綜複雜的相互關係，寫出此時此地、此情此景中人物惟一可能說出的話。不僅劇本中不同人物的臺詞不能相互混淆，就是同一人物在不同戲劇場面中的臺詞也不能任意調換。而要做到這樣的關鍵是作者必須熟悉生活、熟悉筆下的人物，並且在寫作時深入到人物的靈魂深處，設身處地地體會人物的內心感情，揣摩人物表達內心感受的語言方式與特點。

我們來看《雷雨》裏周樸園和魯侍萍的一段對話：

　　周樸園（忽然嚴厲地）：你來幹什麼？

　　魯侍萍：不是我要來的。

　　周樸園：誰指使你來的？

　　魯侍萍：（悲憤）命，不公平的命指使我來的！

　　周樸園（冷冷地）：30年的工夫你還是找到這兒來了。

剛才還是一個溫情脈脈，儼然在感情中不能自拔的性情中人，如今魯侍萍真的站在面前了，觸犯了他真實的利益和尊嚴，便陡然色變，立即就撕破了多情的面紗，露出了冷酷的本質；因為以周樸園之心度之，他感到了名聲和利益的威脅。這個轉變完全是人的本質使然，語言無法掩飾得了。一聲“你來幹什麼？”便撕去了他的面紗。多麼普通的五個字，而此時此刻卻表現了他的冷酷無情。魯侍萍的回答，則飽含著她30年來所嘗的人生屈辱和痛苦、血淚和仇恨，每個字都是從心窩裏迸發出來的，是強烈而深沉的控訴。

除了個性化外，動作性（語言動作）也是戲劇臺詞的一大特點。

所謂戲劇臺詞的動作性主要指的是通過臺詞可以揭示人物的內心動作。戲劇是行動的藝術，它必須在有限的舞臺演出時間內迅速地展開人物的行動，並使之發生尖銳的衝突，以此揭示人物的思想、性格、感情。這就要求臺詞服從戲劇行動，具備動作的特性。在《雷雨》第二幕中，周樸園與魯侍萍的對話就極富動作性。周樸園不知面前的女人就是 30 年前被他遺棄的魯侍萍，在魯侍萍敍述悲慘身世的過程中，他四次發問："你 ── 你貴姓？""你姓什麼？""你是誰？""哦，你，你，你是 ──"從隨便敷衍到驚懼，最後終於不得不當面承認，清晰地展示了他漸趨緊張的內心動作。

　　我們再來看下面這一段：

　　周繁漪：你最對不起的是我，是你曾經引誘過的後母！

　　周萍（有些怕她）：你瘋了。

　　周繁漪：你欠了我一筆債，你對我負著責任，你不能丟下我，就一個人跑。

　　周萍：我認為你用的這些字眼，簡直可怕。這種話不是在父親這樣 ── 這樣體面的家裏說的。

　　周繁漪（氣極）：父親，父親，你撇開你的父親吧！體面？你也說體面？

　　（冷笑）我在你們這樣體面的家庭已經 18 年啦。周家的罪惡，我聽過，我見過，我做過。我始終不是你們周家的人。我做的事，我自己負責任。不像你們的祖父、叔祖同你們的好父親，背地做出許多可怕的事情，外表還是一副道德面孔，是慈善家，是社會上的好人物。

　　周萍：大家庭裏自然不能個個都是好人。不過我們這一房……

　　周繁漪：都一樣，你父親是第一個偽君子。

　　繁漪的語言，確實令人"可怕"，像犀利的刀，像鋒利的劍，尖刻辛辣，痛快淋漓，表現了她那種"最殘酷的愛和最不忍的恨"，具有一種撕碎假面具的進攻性，是極具動作性的戲劇臺詞。

　　臺詞的動作性一般有兩種表現方式：一種是直抒胸臆的，一種就是所謂的“潛臺詞”。直抒胸臆的臺詞往往發生在雙方嚴重對立的場合，有時甚至是通過獨白來實施的。而潛臺詞則是深藏在臺詞之中的言外之意，即言中有言，意中有意，屬於弦外之音。這種言外之意是沒有直接說出來的，而是通過臺詞隱約流露出來的，對話的一方，有時是雙方，往往是心知肚明的。通過發掘人物對白中的潛臺詞，可以窺見人物豐富的內心世界。如《雷雨》中，周樸園“沉吟”地說出“無錫是個好地方”，魯侍萍也接著說：“哦，好地方。”兩人說的意思表面上看似乎差不多，實際上表達的情感是不同的：周樸園是讚美的口吻，因為無錫是他發跡的地方，也是“在他罪惡的生涯中多少留下些美好記憶”的地方；而魯侍萍則絕不是讚美，因為這一句觸痛了她記憶的傷疤，魯侍萍的心情應該是慘痛的，“好地方”應看作是反語，可以想見她說這句話的語調應該是低沉而緩慢的。

　　《雷雨》中人物語言的潛臺詞是極為豐富的，我們來看下面周樸園和魯侍萍之間的一段精彩的對話：

　　　　周樸園（汗涔涔地）：哦。

　　　　魯侍萍：她不是小姐，她是無錫周公館梅媽的女兒，她叫侍萍。

　　　　周樸園：（抬起頭來）你姓什麼？

　　　　魯侍萍：我姓魯，老爺。

　　例中“你姓什麼？”這句臺詞的潛臺詞是：你怎麼知道的這麼多，而且怎麼知道得這麼清楚。

　　又如下文中魯侍萍同時扮演著兩個角色，一實一虛，很有意味：

魯侍萍：老爺問這些閒事幹什麼？

周樸園：這個人跟我們有點親戚。

魯侍萍：親戚？

周樸園：嗯，—— 我們想把她的墳墓修一修。

魯侍萍：哦，—— 那用不著了。

周樸園：怎麼？

魯侍萍：這個人現在還活著。

這裏魯侍萍的每句話都有潛臺詞：第一句話的潛臺詞的是：她現在與你已經沒有什麼關係了；第二句話的潛臺詞是：根本就無所謂什麼親戚；第三句話的潛臺詞是：她沒有死，沒有必要修墳墓；第四句話的潛臺詞是：她不但活著，而且現在就站在你面前。

戲劇臺詞的動作性有它獨特的作用，主要表現在：

首先，戲劇臺詞的動作性能夠推動劇情的發展。戲劇中每個人物的臺詞都產生於劇情矛盾衝突之中，成爲人物對當前衝突的一種言語上的反應，並且能夠有力地衝擊衝突對方的心靈，促使對方採取新的行動更積極地投入矛盾衝突，從而把人物關係、戲劇情節不斷向前推進。

我們來看《雷雨》第二幕的結尾繁漪與周萍的一段對白：

繁漪（冷笑）：小心，小心！你不要把一個女人逼得太狠心了，她是什麼事都做的出來的。

周萍：我已經準備好了。

繁漪：好，你去吧！小心，現在（望窗外，自語，暗示著惡兆地）風暴就要來了！

繁漪的“她是什麼事都做的出來的”這句話暗示了情節的發

展（後來她確實把什麼都抖出來了）；而周萍的“我已經準備好了”這句話更是推動了情節的發展（周萍對繁漪的背叛使矛盾激化）；最後繁漪的“風暴就要來了”這句話則預示著後面的矛盾衝突的升級和人物命運的巨變，一語雙關。

臺詞的動作性還在於它能爲演員在表演時尋找準確的舞臺動作提供基礎。戲劇創作的最後完成必須通過舞臺演出，因此，臺詞的寫作必須考慮到表演藝術創造的需要，使演員在舞臺上能動得起來，把人物的內心世界形象地再現在觀眾面前。

修辭學課程模擬試題（一）

一、名詞解釋（每題 2 分，共 10 分）

1.語　體

2.整句和散句

3.修　辭

4.《修辭學發凡》

5.雙　關

二、判斷正誤並說明理由（每題 2 分，共 20 分）

1.在世界上，最早開始語體研究的國家是美國。

2.語體就是文體，文體就是語體。

3.廣播語體是口語語體的典型代表。

4.公文語體可以分爲公文文件語體和法律文書語體兩大類。

5.大量使用短小的省略句、緊縮句和意合複句，語句重複囉嗦，話題飛跨跳躍等等，是政論語體在句式使用上所體現出來的特點。

6.在語體的分類問題上，各國學者表現出驚人的一致性。

7. "她可是我們這一帶出了名的紅娘。" 屬於借喻辭格。

8. "辭格" 這個術語最早出現在《易·乾·文言》中。

9. 排比與層遞經常一起出現，排比辭格中往往包孕著層遞辭格。

10. 比喻中的喻解是可有可無的，如在 "江南的夏夜，蛙聲如潮。" 這個比喻中就沒有喻解。

三、單項選擇題（每題 1 分，共 10 分）

1. "他買了一些書" 中的語法重音是（　　　）。
   A.他　B.買　C.一些　D.書

2. 下列語體中不屬於口語語體的是（　　　）語體。
   A.日常會話　B.講演　C.廣播　D.評論

3. 國內最早討論語體問題的修辭著作是（　　　）的（　　　）一書。

   A.陳望道 《現代漢語修辭學》　B.張　弓 《漢語修辭學》

   C.張　弓 《現代漢語修辭學》　D.王希傑 《漢語修辭學》

4. 下列語言特徵不屬於公文語體的是（　　　）語體。

   A.大量使用專業詞語　B.大量使用“的”字短語

   C.經常使用排比、反復等辭格　D.使用文言詞語和文言句式

5. “漳河水，九十九道彎，層層樹，重重山，層層綠樹重重霧，
重重高山雲斷路。”一詩的押韻方式屬於（　　　）。

   A.抱韻　B.交韻　C.隨韻　D.逐句韻

6. “我感情的潮水在放縱奔流著。”屬於（　　　）。

   A.博喻　B.較喻　C.縮喻　D.引喻

7. “中國人民用小米加步槍，打跨了帝國主義在中國的統治。”
中的借代屬於（　　　）。

   A.特徵代本體　B.具體代抽象　C.部分代全體　D.專名代泛稱

8. “謠言像可怕的瘟疫一樣在人群中擴散蔓延。”中的喻解屬於
（　　　）喻解。

   A.限定性　B.延伸式　C.解證式　D.綜合式

9. "歡樂的篝火燃起來了，歡樂的短笛吹起來了。"屬於（　　）辭格。

　　A.比擬　　B.比喻　　C.拈連　　D.移就

10. "萬山叢中，抗日英雄真不少；青紗帳裏，遊擊健兒逞英豪。"屬於對偶中的（　　）。

　　A.正對　　B.反對　　C.串對　　D.旁對

四、分析題（40分）

1.試分析下列詩句在語義上的不同特徵。（每題5分，共10分）

　（1）我們不會在地雷陣、驚濤駭浪和萬丈深淵前畏懼退縮，我們也不會在鮮花、掌聲和閃光燈中陶醉迷失。

　（2）我不想做攀援的凌霄花，借別人的高枝炫耀自己；我只想做一棵普普通通的小草，與你一起送走冬雪，迎來春風。

2.試從修辭的角度談談下列改筆的意義。（每題 4 分，共 8 分）

（1）原文：春風又到江南岸

　　　改文：春風又綠江南岸

（2）原文：僧推月下門

　　　改文：僧敲月下門

3.下列語段屬於何種語體？並以此爲例談談這種語體在語言上的
特點。（10分）

細菌有三種主要形態：球形（球菌）、杆形（桿菌）及螺旋
形（螺旋菌）。但在這三類之間，還有許多不顯著的過渡形態。

細菌的形體雖然如此之小，但各類細菌間，其形體的差別很
大。最小的桿菌，長約 0.5 微米，寬約 0.2 微米；一般桿菌爲 2×
0.5 微米。

細菌的體積隨種類各有不同，它們受著環境的影響有時也會
發生變化，即所謂階段的變化。

4.下列句子中分別運用了哪些辭格？它們屬於辭格的何種綜合運用？（每題 4 分，共 12 分）

　（1）那黃河和汶河又恰似兩條飄舞的彩綢，正有兩隻看不見的大手在耍著；那連綿不斷的大小山嶺，卻又像許多龍燈一齊滾舞。── 整個山河都在歡騰著啊！

　（2）血雨腥風裏，毛竹青了又黃，黃了又青，不向殘暴低頭，不向敵人彎腰。

（3）這種感情像紅松那樣，根深蒂固，狂風吹不動，暴雨浸不敗，千秋萬載永不凋謝。

六、問答題（每題 10 分，共 20 分）

1.什麼是辭格？辭格應該具有哪些屬性？試舉例說明。

2.舉例說明小說中人物語言的特殊功用。

修辭學課程模擬試題 (二)

一、名詞解釋（每題 2 分，共 10 分）

1.政論語體

2.辭　格

3.拈　連

4.主動句和被動句

5.消極修辭

二、判斷正誤並說明理由（每題 2 分，共 20 分）

1.《俄語與蘇維埃社會》一書將語體分為政論語體、科技語體、公文語體、文藝語體和通俗語體等五種。

2.口語語體可分為日常會話語體、講演語體和說唱語體等三類。

3.日常應用文語體是公文語體的典型代表。

4.古代"練字"的佳話中所謂的"一字師"指的是王安石。

5.小說中的人物語言唯一作用就是用來凸顯人物的個性。

6.誇張可以分為擴大誇張和縮小誇張兩大類。

7. "今天我不想喝龍井，來一壺黃山吧。" 屬於雙關辭格。

8.錢鐘書的《圍城》一書中使用最多的辭格是排比。

9.對偶中的反對從語義上講也是對比。

10. "從鄉鎮到縣城，從縣城到省城，從省城到京城，所有知情的人都憤怒了。" 中運用了頂真辭格。

三、單項選擇題（每題 2 分，共 10 分）

1. "停車坐愛楓林晚，霜葉紅於二月花。" 屬於對偶中的（　　）。
   A.反對　　B.正對　　C.串對　　D.嚴對

2. "那河畔的金柳，是夕陽中的新娘；波光裏的豔影，在我的心頭蕩漾。" 一詩的韻腳屬於（　　）。
   A.侯韻　　B.豪韻　　C.唐韻　　D.交韻

3. "牛糞還可以作燃料，那些又臭又長的文章恐怕連牛糞都不
如。" 屬於（　　）。
　　A.對喻　B.較喻　C.縮喻　D.引喻

4. "兩條腿怎能跑得過四個輪子！" 中的借代屬於（　　）。
　　A.特徵代本體　　B.具體代抽象
　　C.部分代全體　　D.專名代泛稱

5. "這女人的心哪，就像這七月的天氣一樣捉摸不定。" 中的喻
解屬於（　　）喻解。
　　A.限定性　B.延伸式　C.解證式　D.綜合式

四、分析題（40分）

1.試分析下列詩句在語言上的特徵。（每題 5 分，共 10 分）

　　（1）你有你的銅枝鐵幹，象刀，象劍，也象戟；我有我的紅
　　　　碩花朵，象沉重的歎息，又象英勇的火炬。我們分擔寒
　　　　潮、風雷、霹靂，我們共享霧靄、流嵐、虹霓。

（2）小時候，鄉愁是一枚小小的郵票，我在這頭，母親在那
頭；長大後，鄉愁是一張窄窄的船票，我在這頭，新娘
在那頭。後來呵，鄉愁是一方矮矮的墳墓，我在外頭，
母親在裏頭；而現在，鄉愁是一灣淺淺的海峽，我在這
頭，大陸在那頭。

2.試從修辭的角度談談下列改筆的意義。（每題 5 分，共 10 分）

（1）原文：我慚愧我的少作，卻並不後悔，甚而至於還有些愛。

改文：我慚愧我的少年之作，卻並不後悔，甚而至於還有
些愛。（魯迅《集外集序》）

（2）原文：看到一個老農捏起一把泥土，仔細端詳。

改文：看到一位老農捧起一把泥土，仔細端詳。

（秦牧《土地》）

3.下列語段屬於何種語體？並以此為例談談這種語體在語言上的特點。（10分）

科學家在研究了數百起造成司機死亡的車禍後發現，一輛時速 88 公里的汽車從相撞到導致司機死亡只需短短的 0.7 秒。大多數車禍中，撞擊發生後的第一個 1／10 秒，汽車前保險杠和"前臉"被撞毀；在第二個 1／10 秒，雖然汽車大架已經停下來，但汽車的其他部件仍然在以每小時 88 公里的速度前行，這時司機出於本能伸直雙腿支撐，但雙腿在膝關節處斷裂；在第三個 1／10 秒中，方向盤開始破碎，且方向盤軸已接觸到駕駛員的胸腔；在第四個 1／10 秒，汽車前輪損毀，車體開始支解；第五個 1／10 秒時，司機的軀體被方向盤軸刺穿，肺部開始出血；第六個 1／10 秒的衝擊來得更加劇烈，汽車大架擠壓成原來的一半大小，駕駛員的頭撞上了擋風玻璃；在第七個 1／10 秒中，方向盤軸、車門斷裂後擠壓著司機，但這已經不會再對司機造成任何痛苦 —— 因為他已經死亡了。

4.下列文章中分別運用了哪些辭格？試一一抄錄下來，並注明屬
　於什麼辭格。（共 10 分）

　　春天必然曾經是這樣的：從綠意內斂的山頭，一把雪再也撐
不住了，噗嗤的一聲，將冷面笑成花面，一首漸漸然的歌便從雲
端唱到山麓，從山麓唱到低低的荒村，唱入籬落，唱入一隻小鴨
的黃蹼，唱入軟溶溶的春泥 —— 軟如一床新翻的棉被的春泥。那
樣嬌嫩，那樣敏感，卻又那樣渾沌無涯。一聲雷，可以無端地惹
哭滿天的雲，一陣杜鵑啼，可以鬥急了一城杜鵑花，一陣風起，
每一棵柳都會吟出一則則白茫茫、虛飄飄說也說不清、聽也聽不
清的飛絮，每一絲飛絮都是一株柳的分號。

　　反正，春天就是這樣不講理，不邏輯，而仍可以好得讓人心
平氣和的。

　　…………

　　鳥又可以開始丈量天空了。有的負責丈量天的藍度，有的負
責丈量天的透明度，有的負責用那雙翼丈量天的高度和深度。而
所有的鳥全不是好的數學家，他們吱吱喳喳地算了又算，核了又
核，終於還是不敢宣佈統計數字。

　　至於所有的花，已交給蝴蝶去數。所有的蕊，交給蜜蜂去編
冊。所有的樹，交給風去縱寵。而風，交給簷前的老風鈴去一一
記憶、一一垂詢。……

六、問答題（**每題** 10 分，共 20 分）

1.舉例說明韻文語體和戲劇語體在語言運用上的差異。

2.舉例說明借代和借喻的異同。